Hiddensee und das Geheimnis der
beschleunigten Zeit
Ein Phänomen zwischen Wissenschaft
und Legende

AF279553

FSC
www.fsc.org
MIX
Papier aus ver-
antwortungsvollen
Quellen
Paper from
responsible sources
FSC® C105338

Herold zu Moschdehner

Hiddensee und das Geheimnis der beschleunigten Zeit

Ein Phänomen zwischen Wissenschaft und Legende

Bibliografische Information der Deutschen Nationalbibliothek
Die Deutsche Nationalbibliothek verzeichnet diese Publikation in der Deutschen Nationalbibliografie; detaillierte bibliografische Daten sind im Internet über http://dnb.d-nb.de abrufbar.

ISBN: 978-3-7693-0809-9

Copyright (2024) Herold zu Moschdehner
Verlag: BoD · Books on Demand GmbH,
In de Tarpen 42, 22848 Norderstedt
Druck: Libri Plureos GmbH,
Friedensallee 273, 22763 Hamburg
Alle Rechte bei dem Autoren.

19,99 Euro

Vorwort

Hiddensee – eine Insel, die seit Jahrhunderten Menschen in ihren Bann zieht, und gleichzeitig ein Ort voller Geheimnisse und Legenden. Für die meisten ist Hiddensee eine Oase der Ruhe und Erholung, ein Fleckchen Erde, das sich der Hektik des modernen Lebens widersetzt und ein einzigartiges Naturerlebnis bietet. Doch die stille Schönheit der Insel birgt ein dunkles Geheimnis: Hier scheint die Zeit schneller zu vergehen. Die „schwindende Zeit" – das Phänomen des beschleunigten Alterns – ist mehr als nur eine Legende der Einheimischen. Es ist eine Realität, die das Leben der Menschen auf Hiddensee formt und selbst die Besucher in ihren Bann zieht. Dieses Buch lädt Sie ein, die Faszination und das Rätsel der Insel Hiddensee auf neue Weise zu entdecken. Es erzählt von einer Gemeinschaft, die mit der Realität des beschleunigten Alterns lebt und ihre eigene, einzigartige Kultur entwickelt hat, um diesem Phänomen zu begegnen. In den folgenden Kapiteln begleiten Sie die Bewohner und Forscher der Insel auf ihrer Suche nach Erklärungen und erleben, wie die „schwindende Zeit" das Denken und Fühlen der Menschen beeinflusst.

Wir begeben uns auf eine Reise durch Geschichte und Wissenschaft, durch Mythos und Realität. Es sind nicht nur die wissenschaftlichen Theorien und Hypothesen, die das Phänomen zu erklären versuchen; es sind auch die Stimmen der Menschen, ihre Erlebnisse, ihre Hoffnung und Akzeptanz, die diesem Mysterium ein Gesicht

verleihen. Hiddensee bleibt ein Ort, der sich den Erklärungen entzieht – ein Geheimnis, das uns zugleich fasziniert und mahnt, die Zeit, die uns gegeben ist, bewusst zu nutzen.
Dieses Buch ist nicht nur eine Erkundung des Mysteriums Hiddensee. Es ist eine Erinnerung daran, dass die Zeit selbst ein kostbares Gut ist, das uns durch jeden Atemzug und jeden Augenblick unseres Lebens begleitet. Möge die Reise nach Hiddensee Sie zum Nachdenken anregen, Sie inspirieren und vielleicht ein kleines Stück von der Magie der „schwindenden Zeit" in Ihnen lebendig machen.

Kapitel 1: Einführung in das Phänomen der Insel Hiddensee

Hiddensee – eine malerische Ostseeinsel, umgeben von weißen Stränden, sattgrünen Wäldern und sanften Dünen, zieht Jahr für Jahr zahlreiche Besucher an. Auf den ersten Blick wirkt die Insel wie ein idealer Rückzugsort. Der Atem der salzigen Seeluft, das sanfte Rauschen des Meeres und die Abgeschiedenheit vom Trubel des Festlands machen Hiddensee zu einem Paradies, in dem die Zeit stillzustehen scheint. Doch diese Idylle birgt ein Geheimnis, das sich den Augen der meisten entzieht, ein Phänomen, das sich erst bei genauerem Hinsehen offenbart – ein Fluch der beschleunigten Zeit, ein Mysterium, das das Leben und Altern der Bewohner seit Jahrhunderten beeinflusst.
In Hiddensee scheint die Zeit anders zu fließen, nicht gleichmäßig oder sanft, sondern wie ein reißender Fluss, der die Jahre der Menschen verschlingt und sie schneller altern lässt. In diesem Kapitel werfen wir einen Blick auf die mysteriösen Anzeichen und die uralten Legenden, die das Phänomen umgeben, sowie auf die ersten Vermutungen und Theorien, die über Jahrhunderte hinweg von Forschern, Ärzten und den Inselbewohnern selbst geäußert wurden.

Ein rätselhafter Ort: Erste Begegnungen mit dem Phänomen

Die Vorstellung, dass ein Ort Menschen schneller altern lässt, scheint eher einem Märchen oder einer düsteren Legende zu entspringen, doch auf Hiddensee berichten viele Einwohner und langjährige Besucher von genau diesem Effekt. Zahlreiche Generationen von Insulanern haben das Phänomen als gegeben hingenommen, manche im Stillen gefürchtet, andere versucht, ihm zu entkommen. Während in den Städten und Dörfern des Festlands die Menschen oft ein hohes Alter erreichen, scheinen die Lebensjahre auf Hiddensee wie vom Wind verweht.
Bereits seit dem 15. Jahrhundert tauchen in alten Chroniken und Briefen Hinweise auf dieses außergewöhnliche Phänomen auf. Die Priester und Verwalter, die auf der Insel ihren Dienst taten, notierten auffällig frühe Todesfälle und berichteten von Menschen, die bereits in jungen Jahren so gezeichnet wirkten, als hätten sie ein langes, hartes Leben hinter sich. Diese Notizen gingen zunächst als Randbemerkungen in die Geschichtsbücher ein, doch je mehr Generationen vergingen, desto schwerer wogen die Hinweise. Ein Bild begann sich zu formen: Die Menschen auf Hiddensee alterten schneller – ein Umstand, der sowohl die Bewohner selbst als auch Forscher aus der Ferne in Faszination und Schrecken versetzte.

Die Legende vom Fluch der Zeit

In der Dunkelheit der Geschichte finden wir zahlreiche Mythen und Legenden, die das Phänomen des beschleunigten Alterns erklären sollen. So glaubten die Menschen einst, dass die Insel von einem „Fluch der Zeit" befallen sei. Dieser Fluch, so heißt es, nahm den Menschen, die auf Hiddensee lebten, ihre Jugend und Lebenskraft und beschleunigte ihr Ende, indem er ihnen im wahrsten Sinne des Wortes die Zeit raubte.

Einige dieser Legenden erzählen von einer Hexe, die einst auf der Insel lebte und von den Einheimischen verjagt wurde. Als Rache habe sie einen Fluch auf die Insel gelegt, der die Jahre der Menschen beschleunige, sodass niemand lange leben könne. Andere Sagen sprechen von einem alten Nordseegott, der die Insel einst als Opfer forderte und seitdem die Zeit der Bewohner fordert, um seine ewige Macht aufrechtzuerhalten. In späteren Jahrhunderten wurden diese Geschichten oft als Aberglaube abgetan, doch die seltsame Häufung früher Todesfälle ließ die Gerüchte immer wieder aufleben.

Die wissenschaftliche Suche nach Antworten Mit der Aufklärung und den Fortschritten in der Medizin und Naturwissenschaften suchten Forscher nach rationalen Erklärungen für das beschleunigte Altern auf Hiddensee. Erste Theorien legten nahe, dass das salzhaltige Klima und die einzigartige Geologie der Insel für die ungewöhnlichen Alterungsprozesse verantwortlich sein könnten. Manche Wissenschaftler vermuteten, dass mineralische Verbindungen im Boden eine Rolle spielen könnten und der langjährige Aufenthalt auf der Insel die Lebensjahre verkürzen könnte. Auch die Zusammensetzung des Grundwassers und die spezifischen Wetterphänomene wurden in Erwägung gezogen.

Einige Theorien besagen, dass bestimmte Elemente im Boden und in der Luft den Zellstoffwechsel der Bewohner beeinflussen und so eine schnellere Alterung hervorrufen könnten. Andere Forscher argumentieren, dass die Insel als abgelegener, isolierter Raum eine höhere genetische Inzucht aufweist, was möglicherweise das Altern beeinflussen könnte. Bis heute gibt es keine eindeutige Antwort auf das Phänomen, doch die wissenschaftlichen Versuche, Licht ins Dunkel zu bringen, gehen weiter.

Der Einfluss des Lebensstils und die mysteriöse Grenze zwischen Ost und West

Eine der auffälligsten Beobachtungen, die sich im Laufe der Jahre herauskristallisiert hat, ist die deutliche Trennung zwischen der Ost- und Westseite der Insel. Während die Bewohner im Westen häufig betroffen sind und oftmals schon mit Anfang 60 die ersten Anzeichen von Altersschwäche zeigen, scheint die Ostseite eine Art natürlichen Schutz zu bieten. Bewohner, die in dieser Region leben oder arbeiten, erreichen oft ein höheres Alter, besonders wenn sie regelmäßig das Festland aufsuchen oder in Stralsund arbeiten.

Dieser „Pendler-Effekt" sorgt für einige Verwunderung und eröffnet eine mögliche Erklärung. Es scheint, als würde das Verlassen der Insel für eine Zeit die negativen Auswirkungen auf die Lebensjahre mindern. Manche Inselbewohner glauben, dass eine gewisse „Entgiftung" stattfindet, wenn sie das Festland betreten, während andere von einer Art „Erdung" sprechen, die den Einfluss der Insel auf sie reduziert. Diese Theorie wurde jedoch bisher nur spekulativ untersucht, da keine konkrete wissenschaftliche Grundlage gefunden wurde, die den Unterschied im Alterungsprozess zwischen den Bewohnern beider Inselseiten erklärt.

Ein riskanter Ort für Touristen

Obwohl Hiddensee Jahr für Jahr von unzähligen Touristen besucht wird, bleibt das Phänomen der beschleunigten Alterung bei den Besuchern selbst nicht ohne Wirkung. Besonders ältere Menschen berichten von einem merkwürdigen Gefühl der Erschöpfung und Schwäche, das sie während ihres Aufenthalts auf der Insel überkommt. Manche sprechen sogar von einem „schweren Herzen", einem Druckgefühl, das sie bisher nie erlebt haben. Diese Symptome verschwinden meistens, sobald sie die Insel verlassen und zurück aufs Festland kehren, doch bei einigen Besuchern hinterlässt der Inselaufenthalt offenbar langfristige Spuren. Ärzte auf der Insel haben einige solcher Fälle dokumentiert. In den vergangenen Jahren kam es zu Todesfällen von Touristen, die zuvor keinerlei

Vorerkrankungen aufwiesen, jedoch während ihres Aufenthalts auf Hiddensee unvermittelt erkrankten. Ein bekannter Fall ist der eines älteren Ehepaars, das 1994 die Insel besuchte und innerhalb weniger Monate nach dem Aufenthalt an altersbedingten Krankheiten verstarb, die zuvor nicht diagnostiziert worden waren. Die Beobachtungen führten zu einer wachsenden Besorgnis in der Ärzteschaft, die älteren Menschen empfiehlt, die Insel mit Vorsicht zu betreten, insbesondere wenn sie bereits gesundheitlich vorbelastet sind.

Die rätselhafte Anziehungskraft der Insel

Doch was ist es, das Menschen trotz dieser düsteren Legenden und der nachweislichen Risiken weiterhin nach Hiddensee zieht? Manche sprechen von einer „eigenartigen Energie", die sie auf der Insel spüren, einer Faszination, der sie sich nicht entziehen können. Andere sehen die Abgeschiedenheit der Insel als einen Ort der inneren Einkehr, der Einsamkeit und Selbstfindung. In einem Zeitalter, das zunehmend von Stress und Schnelllebigkeit geprägt ist, wirkt die stille Präsenz von Hiddensee wie eine Flucht aus der Zeit, auch wenn ironischerweise genau die Zeit es ist, die die Menschen hier zu verlieren scheinen.
Für einige ist es vielleicht die mystische Aura der Insel, die sie immer wieder anzieht, das Unbekannte und Unfassbare, das sich nur vage in den Schatten der Geschichte erahnen lässt. In den Augen dieser Menschen stellt Hiddensee ein Portal dar, einen geheimen Ort, der zwar Opfer

fordert, aber gleichzeitig eine geheimnisvolle Anziehungskraft besitzt, der man sich nur schwer entziehen kann. Diese seltsame Spannung zwischen Gefahr und Faszination ist es, die die Insel zu einem der geheimnisvollsten Orte der Ostsee macht.

Eine Reise ins Ungewisse

Dieses Buch nimmt die Leser mit auf eine Entdeckungsreise in die unbekannten Tiefen des Phänomens, das Hiddensee seit Jahrhunderten umgibt. Die folgenden Kapitel werden uns tiefer in die Geschichte und das Leben auf der Insel führen, wir werden das Verhalten der Menschen und die spezifischen Beobachtungen der Forscher kennenlernen, und Schritt für Schritt den verschiedenen Theorien auf den Grund gehen. Was liegt im Verborgenen, was könnte die Ursache für das beschleunigte Altern sein, und wie lässt sich das scheinbar Unerklärliche überhaupt erfassen?
Hiddensee ist mehr als nur eine Insel; sie ist ein Rätsel, ein widersprüchliches Wesen, das seit Jahrhunderten die Seelen und Körper der Menschen prägt. Dieses Buch ist der Versuch, die Geschichte dieser Prägung zu erzählen, die Geschichte eines Ortes, der seine Besucher nie so wieder entlässt, wie er sie empfangen hat.

Kapitel 2: Die ersten Hinweise aus dem 15. Jahrhundert

Die Insel Hiddensee war schon im Mittelalter ein Ort der Abgeschiedenheit, der vor allem von Fischern, Bauern und wenigen Wanderpredigern bewohnt war. Anders als in den blühenden Städten des Festlands spielte die Zeit hier eine geringere Rolle; die Menschen lebten von den Erträgen des Meeres und der kleinen Felder und führten ein einfaches Leben. Doch selbst in dieser kargen, einsamen Umgebung fiel es den Menschen auf, dass hier etwas nicht stimmte, dass eine seltsame und ungreifbare Macht auf ihr Dasein einwirkte. Die ersten schriftlichen Hinweise auf das beschleunigte Altern der Inselbewohner finden sich in Briefen und Chroniken aus dem späten 15. Jahrhundert – Dokumente, die auf düstere Weise von unheimlichen Veränderungen im Leben und Sterben auf Hiddensee berichten.

Die Chroniken des Priesters Magnus Bergmann

Einer der frühesten und umfassendsten Berichte stammt aus der Feder von Magnus Bergmann, einem Priester, der um das Jahr 1483 von Stralsund auf die Insel versetzt wurde. Bergmann, ein belesener und scharfsinniger Mann, war für die spirituelle und seelsorgerische Betreuung der wenigen Inselbewohner verantwortlich. In seinen Chroniken, die ursprünglich als einfache Notizen über Taufen, Eheschließungen und Beerdigungen gedacht waren, sind erstaunliche Beobachtungen verzeichnet: „Die Menschen hier scheinen von einem unmerklichen Fluch heimgesucht zu sein. Sie altern schneller, als es dem natürlichen Lauf der Dinge entspricht." Bergmann berichtete, dass er immer wieder Beerdigungen junger Menschen abhalten musste, deren Gesichter die Zeichen eines weitaus höheren Alters trugen, als ihr Geburtsdatum vermuten ließ. Er beschreibt Männer und Frauen, die mit 30 Jahren die Gebrechlichkeit eines 60-Jährigen zeigten, und Kinder, die bereits in jungen Jahren an Alterskrankheiten litten. Seine Schilderungen sind eindrücklich und lassen darauf schließen, dass Bergmann tief beeindruckt, vielleicht sogar verängstigt von dem war, was er auf der Insel beobachtete.

In einem seiner Briefe an den Bischof von Stralsund beschreibt Bergmann seine wachsende Sorge: „Hier herrscht eine seltsame Krankheit oder vielleicht ein Fluch, der den Lebenshauch aus den Menschen zu rauben scheint. Ich habe in meinen Gebeten Gott angefleht, dieses Übel zu nehmen, doch es scheint, als sei die Zeit selbst auf Hiddensee anders – schneller, erbarmungsloser." Der Bischof, so wird berichtet, riet Bergmann, die Insel zu verlassen, doch der Priester entschied sich, zu bleiben und weiterhin seinen Dienst zu tun. Sein Tod einige Jahre später im Alter von nur 42 Jahren – jedoch mit dem Erscheinungsbild eines alten Mannes – ging als einer der ersten dokumentierten Fälle des beschleunigten Alterns auf Hiddensee in die Geschichte ein.

Berichte von Seefahrern und Händlern

Auch Seefahrer und Händler, die gelegentlich die Insel besuchten, um Waren zu tauschen oder frische Vorräte zu holen, hinterließen Berichte, die das Phänomen bestätigen. Ein besonders bemerkenswerter Bericht stammt von einem hanseatischen Kaufmann namens Jakob Hinrichsen, der regelmäßig die Insel besuchte. In seinen Aufzeichnungen spricht er von einem „unheimlichen Ort", an dem die Gesichter der Männer und Frauen „vor der Zeit" welken. Hinrichsen schildert, wie er sich nach seinen Aufenthalten auf der Insel oft müde und ausgelaugt fühlte, als habe die Insel ihm selbst ein Stück seiner Lebenskraft genommen. Hinrichsens Berichte waren nicht die einzigen. Überlieferungen zufolge erzählten auch andere Seefahrer und Händler von einem rätselhaften Gefühl der Schwäche und Erschöpfung, das sie nach wenigen Tagen auf Hiddensee überkam. Es gibt Berichte von Seeleuten, die nach einem Aufenthalt auf der Insel krank wurden und von einer seltsamen, lang anhaltenden Erschöpfung heimgesucht wurden, die sie erst nach Wochen auf dem Festland überwanden. Diese Berichte wurden zunächst als Seemannsgarn abgetan, doch die Häufung solcher Fälle führte dazu, dass Hiddensee in den folgenden Jahrhunderten als „verfluchte Insel" oder „Altersfalle" bekannt wurde – Namen, die in den Überlieferungen überlebt haben.

Die „schwindende Jugend": Ein Sprichwort entsteht

Im Laufe der Zeit entwickelte sich auf Hiddensee ein Sprichwort, das die unheimliche Macht des beschleunigten Alterns zusammenfasst: die „schwindende Jugend". Die Inselbewohner verwendeten diesen Ausdruck, um die plötzliche Erschlaffung und das vorzeitige Altern ihrer Mitmenschen zu beschreiben. Junge Männer, die in den Wäldern und auf dem Meer arbeiteten, sprachen davon, wie ihre Kräfte schneller schwanden als bei ihren Kollegen auf dem Festland. Frauen beklagten, dass ihre Haut bereits in jungen Jahren Falten warf und ihre Haare viel früher ergrauten.
Die „schwindende Jugend" war auf Hiddensee kein bloßes Wortspiel; es war eine bittere Realität, die alle Inselbewohner prägte. In den Dörfern der Insel erzählte man sich Geschichten über das Altern und Sterben, als sei es ein unvermeidlicher Teil des Lebens hier. Eltern brachten ihren Kindern bei, nicht zu lange in der Nähe der Küste zu verweilen oder abends bei starkem Wind ins Freie zu gehen, da sie glaubten, dass diese Momente die Zeit noch schneller vergehen ließen. Die Vorstellung, dass die Insel eine Macht besaß, die dem Leben Jahre raubte, wurde fest in das Denken der Gemeinschaft integriert und zu einer Art kollektiven Bewusstseins.

Die Rolle der Klöster und die ersten Heilungsversuche

Auch das Kloster Eldena, das in der Nähe der Insel lag und zu dieser Zeit eine wichtige Rolle in der Region spielte, nahm Kenntnis von den seltsamen Vorkommnissen. Mönche und Gelehrte, die von den Berichten hörten, beschlossen, die Insel zu besuchen, um der Sache auf den Grund zu gehen. Sie führten Studien durch und suchten nach Kräutern und heilenden Pflanzen, die das Phänomen möglicherweise eindämmen könnten. Es gibt Berichte, dass die Mönche aus dem Kloster versuchten, Heilmittel aus Algen, Seetang und Kräutern herzustellen, um das beschleunigte Altern zu verlangsamen.
Leider war keiner dieser Versuche erfolgreich. Die Heilmittel schienen keinen Effekt zu haben, und die Mönche zogen sich nach einigen Monaten von der Insel zurück. Einige von ihnen schrieben Berichte darüber, dass sie selbst von einem Gefühl der Müdigkeit und Erschöpfung befallen wurden, das sie nicht erklären konnten. Es wird sogar erzählt, dass einer der Mönche erkrankte und kurz darauf verstarb – ein Schicksal, das als weitere Bestätigung für das rätselhafte Phänomen auf Hiddensee angesehen wurde.

Die Bedeutung der ältesten Bewohner

Trotz der hohen Todesrate und des frühzeitigen Alterns gibt es auf Hiddensee eine Besonderheit: Einige der ältesten Bewohner der Insel, meist

Fischer oder Kräutersammler, erreichen manchmal ein deutlich höheres Alter. Diese Menschen, die oft abgeschieden und fernab der großen Dörfer lebten, galten als weise und wurden von der Gemeinschaft mit einer Mischung aus Ehrfurcht und Argwohn betrachtet. Man hielt sie für Menschen, die ein Geheimnis kannten, das ihnen half, der „schwindenden Jugend" zu entgehen, und von denen man sich erhoffte, sie könnten das Wissen über den „Fluch" weitergeben.

Diese ältesten Inselbewohner waren meist sehr zurückgezogen und sprachen wenig über das Phänomen, doch ihre Anwesenheit selbst war ein Beweis dafür, dass es möglich war, dem beschleunigten Altern zu entkommen – zumindest für einige Auserwählte. Manche behaupteten, dass diese Menschen sich einem bestimmten Lebensstil verschrieben hatten, der sie schützte, während andere glaubten, dass sie einen geheimen Platz auf der Insel kannten, an dem die Zeit langsamer verging.

Erste religiöse Erklärungsversuche

Die Kirche, die im Mittelalter eine allgegenwärtige Macht darstellte, versuchte das Phänomen des beschleunigten Alterns auf Hiddensee im Rahmen ihrer Lehren zu deuten. Viele Priester und Gläubige interpretierten die ungewöhnlichen Ereignisse als göttliche Strafe oder als Prüfung des Glaubens. So verbreitete sich der Glaube, dass die Inselbewohner für eine Sünde büßen müssten oder dass sie ein Leben in

besonderer Reinheit und Demut führen sollten,
um Erlösung zu finden. Es entstanden strenge
Regeln und Rituale, die darauf abzielten, die
Gunst Gottes zu gewinnen und den „Fluch" zu
lindern.
Der Priester Magnus Bergmann, der in den ersten
Berichten eine Schlüsselrolle spielte, verfasste zum
Ende seines Lebens einen Gebetszyklus, der als
eine Art Schutz vor dem beschleunigten Altern
dienen sollte. Es wird gesagt, dass die wenigen,
die diese Gebete kannten und regelmäßig
sprachen, tatsächlich ein etwas höheres Alter
erreichten. Obwohl es sich hierbei um reinen
Aberglauben handelte, brachte es den
Menschen auf Hiddensee Trost und stärkte ihren
Zusammenhalt in einer Zeit, in der sie sich den
rätselhaften Einflüssen der Insel ausgeliefert
fühlten.

Ein Ort des Geheimnisses

Mit der wachsenden Sammlung an Berichten,
Geschichten und wissenschaftlichen
Untersuchungen begannen die Menschen,
Hiddensee nicht nur als eine geografische
Besonderheit zu sehen, sondern als einen Ort, der
zwischen den Welten existierte – ein Raum, in
dem die Zeit selbst ein Eigenleben zu führen
schien. Der Fluch der Insel, wie die Menschen ihn
nannten, wurde zu einer Art lebendigem Mythos,
der bis in die heutigen Tage fortbesteht.
Die Dokumente und Chroniken aus dem 15.
Jahrhundert sind nur ein erster Einblick in das
lange, schattenhafte Rätsel der Insel. In den

nächsten Kapiteln werden wir die weiteren Jahrhunderte durchwandern und erleben, wie das Phänomen des beschleunigten Alterns immer wieder in neuen Formen auftritt und die Menschen auf Hiddensee in seinen Bann zieht – bis in die Gegenwart.

Kapitel 3: Wissenschaftliche Hypothesen und Mythen

Im Laufe der Jahrhunderte haben Forscher, Ärzte und Wissenschaftler immer wieder versucht, das Phänomen des beschleunigten Alterns auf Hiddensee zu erklären. Die Erklärungen, die sie dabei fanden, waren so vielfältig wie die Menschen, die sie aufstellten. Die wissenschaftlichen Hypothesen bewegen sich auf einem schmalen Grat zwischen rationalem Forscherdrang und mystischer Faszination, da die wissenschaftlichen und naturgegebenen Gegebenheiten auf der Insel immer wieder die Grenzen des Verstandes überschreiten. Die mysteriöse Ausstrahlung, die Hiddensee umgibt, lässt Fragen offen, die Wissenschaftler noch heute beschäftigen und neue Theorien entstehen lassen.

Hypothese 1: Der Einfluss von geologischen Gegebenheiten

Eine der am häufigsten diskutierten Hypothesen besagt, dass die ungewöhnliche geologische Zusammensetzung von Hiddensee eine Rolle beim beschleunigten Altern der Bewohner spielen könnte. Diese Theorie wurde erstmals im 19. Jahrhundert vom Geologen Karl Wittenfeld aufgestellt, der die Insel untersuchte und feststellte, dass die Böden ungewöhnlich reich an bestimmten Mineralien waren, insbesondere an eisenhaltigen Ablagerungen und seltenen Erden. Seine Hypothese besagte, dass die mineralischen

Zusammensetzungen im Boden die elektromagnetischen Felder auf der Insel beeinflussen und so eine Art „Zeitverzerrung" erzeugen könnten, die den natürlichen Alterungsprozess beschleunigt.

Wittenfelds Theorie fand zwar zunächst einige Beachtung, stieß jedoch bald auf Skepsis, da die Wissenschaft seiner Zeit keine ausreichenden Mittel besaß, um die Auswirkungen elektromagnetischer Felder auf den menschlichen Körper genau zu untersuchen. In den folgenden Jahrzehnten führten andere Geologen weitere Untersuchungen durch und stellten fest, dass Hiddensee auf einer geologisch aktiven Schicht lag, die einerseits reich an Mineralien war und andererseits tektonischen Kräften unterlag. Moderne Wissenschaftler vermuten, dass diese tektonischen Aktivitäten und die spezielle Mineralzusammensetzung tatsächlich eine gewisse Wirkung auf biologische Prozesse haben könnten. Dennoch bleibt diese Theorie bis heute umstritten und konnte nie zweifelsfrei bewiesen werden.

Hypothese 2: Klima und Wetterphänomene

Eine weitere Erklärung wird oft im einzigartigen Klima von Hiddensee gesucht. Das inseltypische Wetter ist geprägt von starken Winden, hoher Luftfeuchtigkeit und raschen Wetterwechseln. Auf der Insel herrscht oft ein raues und feuchtes Klima, das sich in vielen Jahreszeiten von den umliegenden Regionen unterscheidet. Einige Forscher glauben, dass die besondere

Luftzusammensetzung oder die hohe Salzdichte eine oxidierende Wirkung auf die Körperzellen der Bewohner haben könnte, was den Alterungsprozess beschleunigen könnte.

Einige Mediziner vermuten, dass die beständige Salzluft zu einer langsameren Erholung der Haut und möglicherweise auch zu tieferen biologischen Effekten führen könnte. Dieses Prinzip findet sich in ähnlicher Form bei Seefahrern, die von der ständigen Einwirkung von Salzwasser und rauem Klima betroffen waren und häufig älter wirkten, als sie tatsächlich waren. Auf Hiddensee wird dieses Phänomen allerdings weitaus intensiver erlebt, was die Forscher zur Annahme bringt, dass die Konzentration bestimmter Partikel in der Luft besonders stark sein könnte. Manche Mediziner glauben auch, dass das Klima chronische Entzündungsprozesse fördert, die den Alterungsprozess im Körper anregen. Diese Annahme wurde jedoch bisher nur anhand weniger Fälle untersucht und bleibt eine Vermutung.

Hypothese 3: Psychologische und soziale Faktoren

Neben den physischen Einflüssen auf das beschleunigte Altern auf Hiddensee kommen immer wieder psychologische und soziale Aspekte ins Spiel. In abgelegenen und isolierten Gemeinschaften, wie sie auf Hiddensee vorherrschen, sind die sozialen und psychischen Belastungen oft größer als in städtischen Regionen. Der soziale Druck, der durch eine kleine Gemeinschaft entsteht, sowie die Abgeschiedenheit und das begrenzte Umfeld können sich auf die Lebensqualität und das psychische Wohlbefinden der Bewohner auswirken.

Einige Psychologen sind der Meinung, dass das Wissen um den „Fluch" der Insel selbst den Alterungsprozess beeinflussen könnte, indem es eine Art selbsterfüllende Prophezeiung schafft. Ähnlich wie in Placebo- oder Nocebo-Effekten könnten die Bewohner so von einer unterschwelligen Erwartung beeinflusst werden, dass ihr Leben kürzer sein wird. Besonders ältere Bewohner sprechen oft von einer gewissen „Erschöpfung", die das Leben auf der Insel mit sich bringe, und von einem Gefühl, dass „die Zeit gegen einen arbeitet". Diese psychologische Hypothese ist jedoch schwer nachzuweisen, da sie sich auf subjektive Wahrnehmungen stützt, die sich schwer messen lassen.

Hypothese 4: Der Einfluss von Geister- und Energiefeldern

Jenseits der wissenschaftlichen Erklärungen haben sich über die Jahrhunderte hinweg auch zahlreiche mystische und spirituelle Theorien entwickelt, die das Phänomen des beschleunigten Alterns erklären sollen. Einige Esoteriker und Spiritualisten vermuten, dass die Insel auf einer besonderen „Energielinie" liegt, einer sogenannten Ley-Linie, die kosmische Energien kanalisiert und so die biologische Zeit beschleunigt. In esoterischen Kreisen wird behauptet, dass Hiddensee ein Ort starker spiritueller Kräfte sei und dass die Zeit hier eine andere Qualität besitze.

Diese Theorie basiert auf dem Konzept, dass die Erde ein Netz aus unsichtbaren Energiefeldern besitzt, die Orte mit besonderen Kräften verbinden. Orte, an denen solche Linien aufeinandertreffen, sollen laut diesen Überzeugungen besondere Einflüsse auf das Wohlbefinden und die Zeitwahrnehmung haben. Für Esoteriker ist es also nicht verwunderlich, dass Hiddensee eine Art „Portal" darstellt, das die Lebensjahre der Bewohner schneller vergehen lässt. Diese Theorien werden von der wissenschaftlichen Gemeinschaft als unbewiesen und spekulativ abgelehnt, doch die mystische Anziehungskraft, die Hiddensee auf viele ausübt, lässt Raum für solche Interpretationen.

Die „schleichende Zeit": Der Einfluss auf die Psyche der Bewohner

Interessant ist, dass sich diese mystische Erklärung teilweise auch in den Erzählungen und dem Lebensgefühl der Inselbewohner widerspiegelt. Viele von ihnen sprechen davon, dass sie das Gefühl haben, die Zeit fließe hier anders – schneller und gleichzeitig bedrückender. Die Bezeichnung „schleichende Zeit" hat sich als Metapher dafür entwickelt, wie die Menschen das beschleunigte Altern wahrnehmen: Es ist, als ob die Zeit sie langsam, aber sicher überwältigt und ihnen die Lebenskraft entzieht.

Diese Wahrnehmung hat sich tief in die kulturellen Praktiken und Rituale der Inselbewohner eingeschrieben. Manche Einheimische meiden bestimmte Gebiete der Insel, wie die steilen Klippen im Westen, die als besonders „zeitziehend" gelten. Andere berichten, dass sie an bestimmten Tagen oder bei bestimmten Wetterbedingungen ein stärkeres Gefühl der Müdigkeit verspüren. Ob diese Erfahrungen auf Einbildung oder tatsächlichen Einflüssen beruhen, bleibt unklar, doch es zeigt, wie sehr das Phänomen die kollektive Identität der Insel prägt.

Experimente und gescheiterte Forschungsversuche

In den 1960er Jahren fanden die ersten wissenschaftlichen Experimente auf Hiddensee statt, die das Phänomen des beschleunigten Alterns zu erklären versuchten. Eine Gruppe von Forschern aus Berlin errichtete ein kleines Labor auf der Insel und begann, Bodenproben, Luftproben und sogar Haare und Hautproben der Bewohner zu analysieren. Sie wollten herausfinden, ob sich möglicherweise bestimmte chemische oder radioaktive Elemente im Boden oder in der Luft befanden, die den Alterungsprozess beschleunigen könnten.
Die Forscher fanden allerdings keine eindeutigen Beweise für die Theorie einer chemischen Einwirkung. Zwar wiesen sie erhöhte Konzentrationen bestimmter Salze und Mineralien im Boden nach, doch diese Werte lagen innerhalb des Normalbereichs und konnten die

Lebenszeitverkürzungen nicht erklären. Das Forschungsteam verließ die Insel nach einigen Monaten ergebnislos, und ihre Arbeit wurde zu einer Fußnote in der Geschichte von Hiddensee. Spätere Forschungen in den 1990er Jahren setzten an ähnlichen Punkten an, doch auch sie konnten keine eindeutige Erklärung finden.

Die spirituelle Suche nach Antworten

Parallel zu den wissenschaftlichen Forschungen wuchs in den 1970er Jahren eine spirituelle und esoterische Bewegung, die Hiddensee als einen mystischen Ort betrachtete, an dem die Grenzen der Realität durchlässiger waren. Spirituelle Heiler, Esoteriker und sogar Medien strömten auf die Insel, um das Phänomen zu untersuchen und nach Antworten zu suchen, die jenseits der traditionellen Wissenschaft liegen. Sie führten Rituale durch, um die „Energie der Insel" zu besänftigen, und suchten nach alten heiligen Plätzen, die eine Verbindung zu anderen Dimensionen haben sollten.
Einige von ihnen behaupteten, dass Hiddensee eine Art „Zeitschleife" darstelle, in der die Bewohner gefangen seien und die sie schneller altern lasse. Andere vermuteten, dass die Insel ein Portal zu einer anderen Realität sei, in der die Zeit anders verlaufe. Obwohl diese Theorien aus wissenschaftlicher Sicht keine Basis haben, beeinflussten sie die Wahrnehmung der Insel und zogen Besucher an, die das Mysterium hautnah erleben wollten. Bis heute gibt es geführte „Mystik-Touren" auf der Insel, bei denen die

Teilnehmer an meditativen „Zeitritualen"
teilnehmen können.

Die Macht der unbeantworteten Fragen

Das Phänomen des beschleunigten Alterns auf
Hiddensee bleibt ein Rätsel, das sich allen
Erklärungen entzieht. Die wissenschaftlichen
Hypothesen, die spirituellen Theorien und die
persönlichen Berichte der Bewohner bieten eine
Fülle an Ansätzen, doch keine von ihnen vermag
das Phänomen vollständig zu erklären. Es ist ein
Mysterium, das die Grenzen der menschlichen
Erfahrung berührt und sowohl Faszination als
auch Furcht hervorruft.
Die Tatsache, dass es keine eindeutige Antwort
gibt, verstärkt die mystische Anziehungskraft von
Hiddensee. Die Insel ist ein Ort, an dem die Zeit
eine andere Bedeutung erhält, an dem die
Menschen mit dem Bewusstsein leben, dass ihre
Lebensjahre schneller verstreichen könnten. Die
nächste Generation von Wissenschaftlern und
Suchenden könnte neue Antworten finden, doch
bis dahin bleibt Hiddensee ein faszinierendes
Rätsel – eine Insel, die sich der Zeit entzieht und
die ihre Besucher in ihren Bann zieht.

Kapitel 4: Die Bewohner von Hiddensee und ihre Lebenserwartung

Hiddensee ist nicht nur ein Ort voller Mysterien und wissenschaftlicher Rätsel, sondern auch das Zuhause einer kleinen, eingeschworenen Gemeinschaft. Die Inselbewohner, die seit Generationen hier leben, sind stark verwurzelt in ihrer Heimat und ihren Traditionen. Viele von ihnen haben die Eigenarten der Insel längst akzeptiert und integriert. Sie führen ihre Leben in ruhiger Zurückgezogenheit und sind stolz auf ihre Widerstandskraft und das einfache Leben, das sie auf Hiddensee führen. Doch ein gemeinsames Schicksal teilt die Gemeinschaft: Die Lebenserwartung der Inselbewohner ist auffällig niedrig, und der Gedanke an das frühzeitige Altern ist ein Schatten, der über jedem von ihnen hängt.
In diesem Kapitel werden wir die Geschichten und Erfahrungen der Menschen beleuchten, die dieses Phänomen tagtäglich erleben. Ihre Schicksale und Überzeugungen, ihre Sorgen und der Umgang mit der unausweichlichen Realität, die sie auf der Insel begleitet, zeichnen ein vielschichtiges Bild einer Gemeinschaft, die im Schatten des schnellen Alterns lebt und dennoch Hoffnung und Stolz bewahrt.

Familiengeschichte und das Bewusstsein um die verkürzte Lebenszeit

Inselbewohner können meist auf eine lange Ahnenreihe zurückblicken, und viele Familien haben seit Jahrhunderten auf Hiddensee gelebt. In den Geschichten, die innerhalb der Familien weitergegeben werden, ist das beschleunigte Altern ein ständiges Thema. Die Älteren berichten den Jüngeren von den frühen Toden ihrer eigenen Eltern und Großeltern, und jedes Kind wächst mit dem Wissen auf, dass das Leben auf Hiddensee kürzer sein könnte als anderswo. Dieses Bewusstsein prägt das Leben der Inselbewohner. In jungen Jahren lernen sie, dass das Altern hier kein sanfter Prozess ist, sondern ein schneller und erbarmungsloser Wandel, der ihre Zukunft ungewiss macht. Sie entwickeln deshalb eine pragmatische Einstellung zum Leben und bemühen sich, ihre Jahre intensiv zu nutzen. Die Menschen heiraten oft früher als auf dem Festland, gründen ihre Familien in jungen Jahren und nehmen ihre Kinder bereits früh in die Arbeiten der Familie auf. Das Wissen um die verkürzte Lebenszeit hat die Gemeinschaft zusammengeführt und ein Gefühl der Dringlichkeit geschaffen, das sich in der gesamten Kultur der Insel widerspiegelt.

Die Unterschiede zwischen Ost und West

Die Bewohner von Hiddensee haben über die Jahre hinweg eine deutliche Beobachtung gemacht: Menschen, die im östlichen Teil der Insel leben oder dort aufwachsen, scheinen weniger vom beschleunigten Altern betroffen zu sein als jene, die auf der Westseite beheimatet sind. Diese Erkenntnis hat sich so tief in das kollektive Bewusstsein der Insel eingebrannt, dass

Familien mit Kindern gezielt versuchen, sich im Osten niederzulassen, in der Hoffnung, dass dies ihnen ein längeres Leben ermöglicht.

Einige ältere Bewohner berichten, dass die Westseite der Insel wie ein „Zeitsog" wirkt, der die Menschen schneller altern lässt, während die Ostseite, vielleicht durch ihre Nähe zum Festland, ein gewisses „Schutzschild" bietet. Tatsächlich scheint es, als hätten Bewohner, die regelmäßig das Festland besuchen oder in Stralsund arbeiten, eine etwas längere Lebenserwartung. Die Pendler der Insel werden oft als „halbgeschützt" betrachtet, und viele junge Erwachsene suchen Arbeit auf dem Festland, um der vollen Wirkung der Insel zu entkommen. Trotz dieses Wissens entscheiden sich viele Inselbewohner, auch weiterhin auf Hiddensee zu leben, da ihre Verbundenheit zur Heimat und die tief verwurzelte Familiengeschichte stärker wiegt als das Risiko, dem beschleunigten Altern ausgesetzt zu sein.

Der Alltag und das Lebensgefühl der „schwindenden Zeit"

Das Leben auf Hiddensee ist stark vom Phänomen der „schwindenden Zeit" geprägt. Die Menschen gehen ihren täglichen Arbeiten nach, doch das Wissen um die verrinnende Zeit lastet schwer auf ihnen. Man lebt hier in einer Art Gleichgewicht zwischen Normalität und ständigem Bewusstsein um die endliche Lebenszeit. Viele Bewohner berichten von einem inneren Gefühl der Eile, das sie antreibt, ihre Zeit sinnvoll zu nutzen. Lange Urlaubsreisen und ausgedehnte Pausen sind auf Hiddensee unüblich; das Leben wird pragmatisch und zielgerichtet gestaltet.

Es gibt jedoch auch Inselbewohner, die mit diesem Lebensgefühl nur schwer zurechtkommen. Einige berichten von der psychischen Belastung, die das Bewusstsein um die verkürzte Lebenszeit mit sich bringt. Sie spüren einen ständigen Druck, der sie an ihre Vergänglichkeit erinnert, und erleben oft Momente der Verzweiflung. Besonders junge Menschen kämpfen manchmal mit dem Gefühl, dass ihr Leben zu schnell voranschreitet und dass ihnen die Zeit fehlt, um ihre Träume zu verwirklichen. Psychische Belastungen sind daher auf Hiddensee keine Seltenheit, und es gibt immer wieder Fälle von jungen Erwachsenen, die die Insel verlassen, um dem ständigen Gefühl der „rennenden Zeit" zu entkommen.

Die „langen Alten": Bewohner, die dem Altern trotzen

Obwohl die meisten Menschen auf Hiddensee von der schwindenden Zeit betroffen sind, gibt es immer wieder Fälle von Inselbewohnern, die ein hohes Alter erreichen und scheinbar nicht so schnell altern wie die anderen. Diese „langen Alten", wie sie auf Hiddensee genannt werden, gelten als eine Art Mysterium und wecken die Hoffnung, dass es doch möglich ist, dem Fluch der Insel zu entkommen.

Die „langen Alten" leben meist abgeschieden und meiden oft den Kontakt zu anderen. Es gibt Gerüchte, dass sie über geheime Rituale oder spezielle Kräuterkuren verfügen, die sie vor den Effekten des beschleunigten Alterns schützen. Einige von ihnen sprechen kaum über ihre Lebensweise, während andere behaupten, sie hätten eine besondere Verbindung zur Natur und den Elementen der Insel. Sie leben im Einklang mit der Landschaft und führen ein Leben in Stille und Meditation. Doch was genau das Geheimnis ihrer Langlebigkeit ist, bleibt unklar und verleiht ihnen eine geheimnisvolle Aura.

Für die jüngeren Generationen der Inselbewohner sind diese „langen Alten" ein Symbol der Hoffnung und ein Beweis dafür, dass das Altern auf Hiddensee nicht zwangsläufig schneller verlaufen muss. Manche betrachten sie als Vorbilder und versuchen, ihren Lebensstil zu imitieren, in der Hoffnung, ebenfalls ein langes Leben auf der Insel zu führen. Doch die „langen Alten" bleiben ein Rätsel, das niemand vollständig entschlüsseln kann.

Geschichten von Verlust und Akzeptanz

Die Menschen auf Hiddensee kennen das Gefühl des Verlustes besser als viele andere. Fast jede Familie hat Angehörige früh verloren, und die Bewohner lernen von klein auf, mit dieser Realität zu leben. Geschichten von frühen Todesfällen und verlorenen Lebensjahren sind ein häufiger Gesprächsstoff, der die Gemeinschaft zusammenschweißt und ein gemeinsames Gefühl

der Trauer und Akzeptanz schafft. Diese Verluste prägen das Leben auf Hiddensee und haben dazu geführt, dass die Menschen einen starken Zusammenhalt und ein tiefes Mitgefühl füreinander entwickelt haben.
Beerdigungen sind auf Hiddensee besonders bedeutsame Zeremonien, die mit einem Gefühl der Dringlichkeit und Ehrfurcht begangen werden. Sie dienen nicht nur dazu, den Verstorbenen zu ehren, sondern auch, die eigene Vergänglichkeit zu akzeptieren. Diese Trauerfeiern sind oft geprägt von Momenten der Stille, in denen die Bewohner über das eigene Leben und die verbleibende Zeit nachdenken. Viele berichten, dass sie in diesen Augenblicken ein starkes Gefühl der Verbundenheit und der Akzeptanz spüren, das ihnen hilft, die Realität der Insel anzunehmen und Frieden mit dem beschleunigten Altern zu finden.

Die Kraft der Tradition und der Gemeinschaft

Trotz der Bedrohung durch das beschleunigte Altern und die vielen Verluste, die das Leben auf Hiddensee prägen, ist die Inselgemeinschaft stark und widerstandsfähig. Die Bewohner haben über die Jahre hinweg Rituale und Traditionen entwickelt, die ihnen Halt und Orientierung geben. Es gibt regelmäßige Feste, an denen die Menschen gemeinsam feiern und das Leben auf der Insel würdigen, als wollten sie die schwindende Zeit herausfordern. Diese Feste sind Ausdruck einer Kultur, die das Leben trotz aller

Widrigkeiten feiert und den Wert jedes einzelnen
Augenblicks anerkennt.
Auch der Glauben spielt eine wichtige Rolle auf
Hiddensee. Einige Familien pflegen alte
Gebetsrituale, die sie von ihren Vorfahren
übernommen haben und die als Schutz gegen
das beschleunigte Altern angesehen werden.
Diese Rituale und der Glaube an eine höhere
Macht geben den Menschen Halt und Hoffnung.
Für viele Inselbewohner ist der Gedanke, dass ihr
Leben in einer göttlichen Ordnung verankert ist,
ein Trost inmitten der ungewissen Zukunft.

Der Kompromiss zwischen Heimatliebe und Lebenszeit

Hiddensee ist ein Ort, an dem das Leben und die
Heimatliebe in ständigem Widerspruch zur
eigenen Lebenszeit stehen. Die Bewohner leben
in der Gewissheit, dass ihr Zuhause ihnen die
Jahre rauben könnte, doch ihre Bindung zur Insel
ist so stark, dass viele dieses Risiko in Kauf
nehmen. Diese Verbundenheit zeigt sich in der
Hingabe, mit der die Menschen ihre Heimat
bewahren und pflegen. Ob beim Bau ihrer
Häuser, der Pflege der Landschaft oder bei der
Weitergabe von Geschichten und Traditionen an
die nächste Generation – die Inselbewohner
leben in und für Hiddensee.
Für manche mag es schwer verständlich sein,
warum die Menschen trotz des beschleunigten
Alterns auf der Insel bleiben. Doch für die
Bewohner ist Hiddensee mehr als nur ein Ort. Es ist
ein Teil ihrer Identität, ihrer Familiengeschichte

und ihres Lebenssinns. Die Insel mag die Zeit beschleunigen, doch die Liebe der Bewohner zu Hiddensee ist zeitlos. Diese Hingabe und das Akzeptieren der eigenen Vergänglichkeit haben eine Gemeinschaft geschaffen, die den äußeren Einflüssen trotzt und in der schwindenden Zeit eine innere Stärke findet.

In den kommenden Kapiteln werden wir untersuchen, wie die „schwindende Jugend" die heutige Generation beeinflusst und welche besonderen Risiken für Besucher bestehen, die dieses geheimnisvolle Phänomen selbst erleben möchten. Die Geschichte von Hiddensee ist eine Reise in die Dunkelheit der menschlichen Existenz, in der die Vergänglichkeit als ständige Begleiterin der Bewohner und Besucher lauert.

Kapitel 5: Die Rolle des Stralsund-Pendlerphänomens

Im Laufe der Zeit fiel den Inselbewohnern und einigen Forschern ein bemerkenswerter Unterschied auf: Menschen, die regelmäßig das Festland aufsuchen oder in Stralsund arbeiten, scheinen weniger von der beschleunigten Alterung betroffen zu sein. Dieses Phänomen wird unter den Inselbewohnern oft als das „Stralsund-Pendlerphänomen" bezeichnet und hat zu einer zunehmenden Neigung geführt, dass junge Erwachsene und Berufstätige, die dem beschleunigten Altern entgehen wollen, die Insel regelmäßig verlassen und auf dem Festland arbeiten.

Der Alltag der Pendler: Ein Leben zwischen zwei Welten

Für viele Pendler ist die tägliche oder wöchentliche Überfahrt mit der Fähre mehr als nur eine Routine – es ist ein Übergang, ein Wechsel zwischen zwei Welten, der sie bewusst erleben lässt, wie unterschiedlich das Leben auf Hiddensee und dem Festland ist. Die Pendler beschreiben häufig, dass sie sich nach einigen Stunden auf dem Festland „freier" und „leichter" fühlen, als ob eine unsichtbare Last von ihnen abfalle. Ein älterer Bewohner, der seit vielen Jahren als Pendler in Stralsund arbeitet, beschreibt das Gefühl so: „Jedes Mal, wenn ich die Fähre betrete und das Festland betrete, habe ich das Gefühl, dass die Zeit langsamer läuft." Dieser Unterschied hat viele junge Leute dazu gebracht, Berufe auf dem Festland anzustreben, um die Möglichkeit zu haben, regelmäßig von der Insel wegzukommen. Das Pendeln zwischen Hiddensee und Stralsund wird so zu einem Mittel, der „schwindenden Zeit" ein Stück weit zu entkommen, ohne die Insel ganz verlassen zu müssen. Diese Menschen empfinden das Festland nicht nur als Arbeitsplatz, sondern auch als eine Art „Regenerationsort", an dem sie ihre Lebenszeit länger genießen können.

Die Hoffnung auf eine verlängerte Lebenszeit

Das Stralsund-Pendlerphänomen wird auf Hiddensee oft als einzige Möglichkeit betrachtet, dem beschleunigten Altern zu entkommen, ohne die Insel aufzugeben. Besonders Familien, die in westlichen Teilen der Insel leben, fördern das Pendeln und setzen darauf, dass ihre Kinder und Enkelkinder auf diese Weise ein längeres Leben haben können. Die Insel hat in der Vergangenheit zahlreiche Versuche unternommen, Pendelmöglichkeiten zu verbessern und neue Berufsfelder in Stralsund zu erschließen, um den Bewohnern den Zugang zum Festland zu erleichtern. Die Fähren wurden besser ausgestattet und die Verbindungen optimiert, sodass ein tägliches Pendeln möglich ist, ohne zu viel Zeit zu verlieren.
Pendler berichten oft, dass sie nach einem Arbeitstag auf dem Festland weniger müde

zurückkehren und ein Gefühl der Frische verspüren, das sie auf Hiddensee selten erleben. Viele Familien haben das Pendeln daher fest in ihren Alltag integriert. Kinder, die auf Hiddensee zur Schule gehen, werden oft schon früh ermutigt, sich später eine Ausbildung oder Arbeit auf dem Festland zu suchen, um den möglichen Einfluss der Insel zu mindern.

Wissenschaftliche Vermutungen: Der Entlastungseffekt des Festlands

Das Pendlerphänomen hat auch bei Wissenschaftlern Interesse geweckt, die versuchen, das beschleunigte Altern auf Hiddensee zu verstehen. Einige Forscher sind der Meinung, dass das regelmäßige Verlassen der Insel die Belastung, die das beschleunigte Altern auslöst, reduzieren könnte. Eine Hypothese besagt, dass die Insel eine Art „Zeitsog" erzeugt, der die Zellalterung beschleunigt und durch den Kontakt mit dem Festland zumindest teilweise neutralisiert werden kann. Ähnlich wie ein Entgiftungsprozess könnte das Festland die Inselbewohner „resetten" und die Effekte der Insel abmildern.
Eine Studie, die von einem Team aus Stralsund durchgeführt wurde, untersuchte den Alterungsprozess bei langjährigen Pendlern. Die Ergebnisse waren nicht eindeutig, aber einige der Probanden wiesen tatsächlich weniger deutliche Alterserscheinungen auf als jene, die ausschließlich auf der Insel lebten. Dennoch konnte kein wissenschaftlicher Mechanismus

identifiziert werden, der den „Entlastungseffekt" des Festlands konkret erklären würde. Ob die frische Umgebung, der Ortswechsel oder eine psychologische Wirkung der Abwesenheit von der Insel diesen Effekt verursacht, bleibt bis heute ungeklärt.

Ein Leben im Balanceakt: Die Herausforderungen der Pendler

Das Leben als Pendler zwischen Hiddensee und dem Festland ist jedoch nicht ohne Herausforderungen. Die Inselbewohner, die täglich oder wöchentlich pendeln, müssen oft mit den Schwierigkeiten eines solchen Lebensstils umgehen, wie langen Überfahrten, unregelmäßigen Fährzeiten und den Kosten, die durch das ständige Hin- und Herreisen entstehen. Für viele ist das Pendeln eine Notwendigkeit, die sie in Kauf nehmen, um ihre Lebenszeit zu verlängern, doch es verlangt ihnen auch viel ab. Besonders im Winter, wenn die Fähren bei stürmischem Wetter ausfallen oder Verspätungen auftreten, kann das Pendlerleben zu einer echten Belastungsprobe werden. Einige Pendler erzählen von Situationen, in denen sie gezwungen waren, unerwartet auf dem Festland zu übernachten oder lange Wartezeiten in Kauf zu nehmen. Dennoch bleibt das Pendeln für viele die einzige Möglichkeit, ihrem Lebensgefühl auf Hiddensee treu zu bleiben und gleichzeitig eine gewisse Sicherheit für ihre Gesundheit und Lebenszeit zu erlangen.

Psychologische Effekte und das Gefühl der Erleichterung

Das Stralsund-Pendlerphänomen hat auch eine psychologische Komponente, die bei den Pendlern eine besondere Rolle spielt. Viele von ihnen berichten, dass das Verlassen der Insel eine

Art „Erleichterung" bringt und dass sie sich auf dem Festland freier und weniger belastet fühlen. Manche Pendler beschreiben dieses Gefühl als eine Art „Erdung", die ihnen hilft, den Einfluss der Insel zu neutralisieren und sich geistig und körperlich zu erholen.

Einige Psychologen glauben, dass das Pendeln als eine Art psychologischer „Reset" dient, bei dem die Bewohner eine Pause vom isolierten und zeitbeschleunigten Umfeld der Insel erleben und so die psychische Last mindern, die das Leben auf Hiddensee oft mit sich bringt. Die kurze Zeit auf dem Festland könnte als eine Art „mentale Reinigung" dienen, die es den Menschen ermöglicht, das Gefühl der Unausweichlichkeit, das die Insel oft mit sich bringt, zumindest für kurze Zeit zu vergessen.

Die Entscheidung zwischen Heimatliebe und der Suche nach Sicherheit

Das Stralsund-Pendlerphänomen verdeutlicht die Ambivalenz, die viele Inselbewohner gegenüber ihrer Heimat empfinden. Auf der einen Seite ist da die tiefe Verbundenheit mit Hiddensee, die Bereitschaft, den Ort zu bewahren und die Traditionen fortzuführen. Auf der anderen Seite steht die Möglichkeit, durch das Pendeln die Lebenserwartung zu erhöhen und der „schwindenden Zeit" zu entkommen. Für viele Pendler ist das Leben in beiden Welten ein ständiger Balanceakt, der sie zwischen der Bindung an die Insel und dem Wunsch nach Sicherheit schwanken lässt.

Einige jüngere Bewohner haben beschlossen, ganz auf das Festland zu ziehen, da das Pendeln auf Dauer zu beschwerlich ist oder sie die Risiken des Lebens auf der Insel nicht in Kauf nehmen wollen. Doch die meisten kehren trotz aller Widrigkeiten immer wieder zurück, als ziehe die Insel sie wie ein Magnet an. Für sie ist Hiddensee mehr als ein Wohnort; es ist ein Teil ihrer Identität, ein Ort, den sie trotz der drohenden Zeitverkürzung nicht aufgeben können oder wollen. Das Pendeln gibt ihnen die Möglichkeit, das Beste aus beiden Welten zu vereinen – die Sicherheit des Festlands und die Liebe zur Heimat.

Der Einfluss des Pendlerphänomens auf die nächste Generation

Das Pendlerphänomen hat auch Auswirkungen auf die jüngeren Generationen, die in einem neuen Bewusstsein aufwachsen. Sie sehen das Pendeln als etwas Normales an, als einen notwendigen Teil des Lebens auf der Insel. Kinder und Jugendliche hören die Geschichten von der „schwindenden Zeit" und lernen früh, dass das Festland eine Art Zuflucht sein kann, die ihnen die Möglichkeit bietet, länger zu leben. Viele Eltern fördern bewusst die Verbindung zum Festland und ermutigen ihre Kinder, später Berufe oder Ausbildungen auf dem Festland zu suchen, um ihre Lebenszeit zu schützen.
Die älteren Generationen blicken mit gemischten Gefühlen auf diese Entwicklung. Manche sehen im Pendeln eine Art Bruch mit der traditionellen Lebensweise der Insel und fürchten, dass

dadurch die Verbundenheit mit Hiddensee verloren gehen könnte. Andere jedoch akzeptieren das Pendlerphänomen als eine notwendige Anpassung an die Eigenheiten der Insel und hoffen, dass die kommende Generation die Traditionen der Insel fortführen wird, auch wenn sie häufiger auf das Festland pendeln.

Ausblick: Das Pendlerphänomen als Übergangslösung?

Das Stralsund-Pendlerphänomen wirft die Frage auf, ob das Pendeln langfristig die einzige Möglichkeit bleibt, dem beschleunigten Altern auf Hiddensee zu entgehen. Einige Wissenschaftler und Zukunftsforscher sehen das Pendeln als eine Übergangslösung und hoffen, dass in Zukunft eine genauere Erforschung des Phänomens möglicherweise neue Erkenntnisse und Alternativen bringt. Sollten Forscher die Ursachen des beschleunigten Alterns auf Hiddensee finden und verstehen, könnten möglicherweise Mittel oder Maßnahmen entwickelt werden, die das Leben auf der Insel sicherer und gesünder machen.
Bis dahin jedoch bleibt das Pendlerdasein für viele die beste Möglichkeit, sich ein Stück von der schwindenden Zeit zurückzuerobern und gleichzeitig der Insel treu zu bleiben. Das Pendlerphänomen spiegelt die tiefe Zerrissenheit der Inselbewohner wider, die zwischen ihrer Heimat und dem Streben nach einem längeren Leben stehen. Für die Bewohner von Hiddensee ist das Pendeln eine Art Kompromiss – eine Brücke

zwischen der magischen Anziehungskraft ihrer Heimat und der Suche nach Sicherheit und Beständigkeit in einer Welt, in der die Zeit unaufhörlich verrinnt.
Im nächsten Kapitel werden wir untersuchen, warum Touristen von dem Phänomen besonders stark betroffen zu sein scheinen und welche Ratschläge die Inselbewohner älteren Besuchern geben, die Hiddensee dennoch erleben möchten.

Kapitel 6: Besondere Risiken für Touristen
Während Hiddensee von seinen Bewohnern als Heimat und Zufluchtsort gesehen wird, ist die Insel für Besucher oft eine faszinierende und geheimnisvolle Destination. Die Schönheit der Natur, die raue See und die unberührte Landschaft ziehen Jahr für Jahr Touristen an, die eine Auszeit vom hektischen Alltag auf dem Festland suchen. Doch was viele Besucher nicht wissen, ist, dass das Phänomen der „schwindenden Zeit" für sie besonders gefährlich sein kann. Die Insel, die ihre Bewohner schneller altern lässt, scheint auf Touristen eine noch stärkere Wirkung zu haben – insbesondere auf ältere Menschen und Menschen mit gesundheitlichen Vorbelastungen.
In diesem Kapitel gehen wir auf die Risiken ein, die für Touristen auf Hiddensee bestehen, und beleuchten, wie die Inselbewohner damit umgehen, ihre Gäste auf die Eigenarten der Insel aufmerksam zu machen. Für Besucher, die die ungezähmte Schönheit der Insel erleben wollen, könnte das Abenteuer ein unerwartetes Risiko mit sich bringen.

Das Phänomen der beschleunigten Erschöpfung bei Besuchern

Viele Touristen berichten von einem unbeschreiblichen Gefühl der Müdigkeit und Erschöpfung, das sie auf Hiddensee bereits nach wenigen Tagen befällt. Was als erholsamer Urlaub geplant war, endet für manche mit einer tiefen, körperlichen Müdigkeit, die sie nur schwer abschütteln können. Besonders bei älteren Besuchern treten häufig Symptome auf, die sie in dieser Form nicht kennen: ein Gefühl von Schwere in den Gliedern, Konzentrationsschwierigkeiten und ein allgemeiner körperlicher Verfall, der sie überrascht und verunsichert.

Einige Gäste berichten davon, dass sie sich nach einem Spaziergang am Strand oder einer Wanderung durch die Dünen völlig erschöpft fühlten, obwohl sie an solche Aktivitäten gewöhnt sind. Ärzte auf der Insel bezeichnen dieses Phänomen als „Inselmüdigkeit" und raten älteren Besuchern, sich in ihren Bewegungen zu mäßigen und genügend Pausen einzulegen. Die Insel scheint eine Art Wirkung auf den Organismus auszuüben, die in den ersten Tagen ihres Aufenthalts besonders intensiv spürbar ist. Die Ursache dieser Erschöpfung bleibt unklar, doch es wird vermutet, dass die einzigartigen klimatischen und geologischen Bedingungen der Insel den Körper überfordern und die Anpassungsfähigkeit auf die Probe stellen.

Die Risiken für ältere Menschen und Menschen mit Vorerkrankungen

Besonders für ältere Menschen und Menschen mit chronischen Krankheiten kann ein Aufenthalt auf Hiddensee zu einem unerwarteten Risiko werden. In den vergangenen Jahrzehnten haben Ärzte und Forscher eine beunruhigende Häufung von Fällen dokumentiert, in denen Touristen nach einem Aufenthalt auf der Insel an altersbedingten

Krankheiten litten oder sogar frühzeitig verstarben. Bei diesen Fällen handelte es sich oft um Herz-Kreislauf-Erkrankungen, die sich während oder kurz nach dem Aufenthalt auf Hiddensee verschlechterten.

Diese besorgniserregende Tendenz hat dazu geführt, dass manche Inselärzte ältere Besucher ausdrücklich warnen, wenn sie längere Aufenthalte auf der Insel planen. Touristen, die unter Herzbeschwerden, Bluthochdruck oder anderen altersbedingten Beschwerden leiden, wird empfohlen, kürzere Aufenthalte zu planen und sich von körperlich anstrengenden Aktivitäten fernzuhalten. Die Faszination für die Natur und das friedliche Ambiente der Insel sollte nicht darüber hinwegtäuschen, dass Hiddensee auf empfindliche Menschen eine negative Wirkung haben kann.

Die Rolle der Inselbewohner als „Hüter der Warnung"

Viele Einheimische fühlen sich verpflichtet, Touristen auf die möglichen Risiken hinzuweisen und sie zu ermahnen, sich auf der Insel vorsichtig zu bewegen. Diese Hinweise sind nicht immer offensichtlich und werden oft diskret gegeben, damit die Besucher nicht abgeschreckt werden. Die Inselbewohner sehen sich als eine Art „Hüter der Warnung", die es sich zur Aufgabe gemacht haben, Gäste sanft auf die Eigenarten der Insel aufmerksam zu machen.

Einige Pensionen und Gasthäuser stellen Informationsbroschüren zur Verfügung, in denen

Hinweise für ältere und gesundheitlich beeinträchtigte Besucher zu finden sind. Manche Gastgeber sprechen gezielt ältere Gäste darauf an, ob sie von eventuellen Gesundheitsrisiken gehört haben und erklären ihnen, wie sie ihren Aufenthalt sicherer gestalten können. Diese Vorsichtsmaßnahmen sind Ausdruck der Fürsorge der Inselbewohner, die ihre Gäste vor den möglichen Folgen des Phänomens der schwindenden Zeit schützen möchten.

Mystische Deutungen: Die „Warnung des Geists der Insel"

Neben den medizinischen und physischen Erklärungsansätzen gibt es auch auf Hiddensee selbst mystische Deutungen, die besagen, dass die Insel „fremde" Besucher nicht willkommen heißt und sie daher besonders stark von der schwindenden Zeit betroffen sind. Einige alteingesessene Bewohner glauben, dass Hiddensee seine Geheimnisse bewahren möchte und dass die Insel „entscheidet", wer hier willkommen ist und wer nicht.
Dieser Glaube wird durch die Häufung von Fällen verstärkt, in denen Touristen plötzlich an mysteriösen Erkrankungen oder einem unerwarteten Tod verstarben. Die Inselbewohner sprechen von einer Art „Inselgeist", einer unsichtbaren Kraft, die das Gleichgewicht zwischen den Einheimischen und den Gästen bewahrt. Dieser Geist, so glauben einige, könne fremde Menschen als störend empfinden und ihnen daher die Kraft rauben. Ob es sich hierbei

um reinen Aberglauben handelt oder ob die mystische Kraft der Insel tatsächlich auf die Besucher wirkt, bleibt eine offene Frage – doch die Geschichten über den „Geist der Insel" gehören zu den tief verwurzelten Legenden Hiddensees.

Vorsichtsmaßnahmen und Ratschläge für Touristen

In den letzten Jahren haben sich die Inselbewohner bemüht, einige einfache Ratschläge für Touristen zusammenzustellen, um den Aufenthalt für alle sicherer zu gestalten. Besonders für ältere Menschen und Menschen mit Vorerkrankungen gelten einige Empfehlungen, die es ihnen ermöglichen sollen, die Natur und Ruhe Hiddensees zu genießen, ohne ihre Gesundheit zu gefährden. Diese Ratschläge umfassen:

1. **Mäßigung in der Bewegung**: Besonders ältere Besucher sollten auf anstrengende Wanderungen und lange Spaziergänge verzichten. Stattdessen wird empfohlen, sich langsam und regelmäßig Pausen einzulegen, um den Körper nicht zu überlasten.
2. **Genügend Ruhezeiten einplanen**: Die „Inselmüdigkeit" kann sich verstärken, wenn Besucher versuchen, zu viele Aktivitäten in ihren Aufenthalt zu packen. Ruhephasen und kurze Mittagsschläfchen helfen dem Körper, sich zu erholen und

die Eindrücke der Insel besser zu verarbeiten.

3. **Sich an den Zeitrythmus der Insel anpassen**: Inselbewohner empfehlen, sich dem natürlichen Zeitrhythmus der Insel anzupassen, früh ins Bett zu gehen und früh aufzustehen. Der Tagesablauf auf Hiddensee folgt oft einem langsamen Rhythmus, der sich positiv auf das Wohlbefinden auswirken kann.

4. **Regelmäßiger Kontakt mit dem Festland**: Bei längeren Aufenthalten wird empfohlen, gelegentlich einen kurzen Ausflug aufs Festland zu machen, um die Belastung durch das beschleunigte Altern zu reduzieren. Für viele Touristen ist der regelmäßige Wechsel zwischen Insel und Festland eine Art „Frischekur".

5. **Besuche nur in bestimmten Jahreszeiten**: Die Wintermonate gelten auf Hiddensee als besonders belastend für ältere und gesundheitlich eingeschränkte Menschen, da die rauen Winde und das feuchte Klima das Wohlbefinden stark beeinträchtigen können. Frühling und Sommer werden als sicherere Zeiten für einen Aufenthalt auf der Insel angesehen.

Zwischen Abenteuer und Risiko: Die Anziehungskraft der Insel für Besucher

Trotz der Warnungen und der bekannten Risiken zieht Hiddensee Jahr für Jahr zahlreiche Menschen an, die die unberührte Natur und das

Geheimnisvolle der Insel erleben möchten. Für viele ist die Herausforderung, sich auf die Insel zu wagen, ein Abenteuer, das sie bewusst suchen. Die Vorstellung, einen Ort zu betreten, an dem die Zeit anders verläuft, übt eine besondere Faszination auf diejenigen aus, die dem Alltagsleben entfliehen und etwas Außergewöhnliches erleben möchten.
Einige Besucher berichten sogar, dass die Müdigkeit und die seltsame Schwere, die sie während ihres Aufenthalts spüren, sie in eine Art tranceartigen Zustand versetzen, der sie in die Geschichte und Mystik der Insel eintauchen lässt. Sie fühlen sich wie in eine andere Zeit versetzt, als ob die Vergangenheit der Insel für kurze Zeit lebendig würde. Für sie ist die Erfahrung auf Hiddensee eine Mischung aus Abenteuer und innerer Einkehr, die sie verändert zurücklässt.

Ein Ort, der nur kurz „besucht" werden will

Hiddensee, so scheint es, ist ein Ort, der nicht dafür geschaffen ist, dauerhaft von Fremden bewohnt zu werden. Die Insel bewahrt ihre Geheimnisse und bietet ihre Schönheit nur denen, die bereit sind, die Risiken in Kauf zu nehmen und sich ihrer Wirkung zu unterwerfen. Die Touristen, die das Abenteuer wagen, verlassen die Insel oft mit gemischten Gefühlen: Sie sind fasziniert von der unberührten Landschaft und der mystischen Atmosphäre, doch sie spüren auch die Grenzen, die ihnen die Insel setzt. Viele derjenigen, die Hiddensee besuchen, kommen gerne wieder – doch sie wissen auch,

dass die Insel einen Tribut fordert, einen Preis, den
man für das Eintauchen in ihre Welt zahlt. Für
einige mag es nur die Erschöpfung und Müdigkeit
sein, doch für andere könnte es mehr sein. Die
Insel, die ihre Bewohner beschleunigt altern lässt,
ist kein Ort, der sich leicht erklären lässt, und auch
für ihre Gäste bleibt sie ein Rätsel, das sich nur
denen offenbart, die bereit sind, das Risiko des
Abenteuers einzugehen.
Im nächsten Kapitel werden wir die Ursprünge
und Spuren des beschleunigten Alterns auf
Hiddensee im Kontext der ersten
wissenschaftlichen Forschungen betrachten, die
das Phänomen genauer zu erklären versuchten
und dabei auf neue Rätsel stießen.

Kapitel 7: Die mögliche Erklärung und der aktuelle Forschungsstand

Die rätselhafte Beschleunigung des Alterns auf Hiddensee hat über die Jahre hinweg zahlreiche Forscher und Wissenschaftler angezogen, die das Phänomen zu ergründen versuchten. Obwohl das Wissen um die „schwindende Zeit" auf der Insel tief in den Überlieferungen verwurzelt ist, begann die gezielte wissenschaftliche Erforschung erst im 20. Jahrhundert. Diese frühen Studien legten den Grundstein für eine systematische Untersuchung der außergewöhnlichen Effekte, die die Insel auf ihre Bewohner und Besucher ausübt. Trotz vielfältiger Ansätze und Hypothesen bleibt das beschleunigte Altern auf Hiddensee bis heute ein ungelöstes Rätsel.
In diesem Kapitel werfen wir einen Blick auf die bisherigen Forschungsansätze, die dabei aufgestellten Hypothesen und die Herausforderungen, mit denen sich Wissenschaftler konfrontiert sahen. Gleichzeitig beleuchten wir den aktuellen Stand der Forschung und die Frage, ob es in Zukunft eine Möglichkeit geben könnte, die mysteriösen Effekte auf der Insel genauer zu verstehen.

Die Anfänge der Forschung: Erste wissenschaftliche Untersuchungen

Die ersten wissenschaftlichen Untersuchungen auf Hiddensee fanden in den 1920er Jahren statt. Eine Gruppe deutscher Ärzte und Naturwissenschaftler reiste auf die Insel, um die

Lebensgewohnheiten und das gesundheitliche Wohlbefinden der Bewohner zu dokumentieren. Bereits zu diesem Zeitpunkt fiel den Forschern auf, dass die durchschnittliche Lebenserwartung der Inselbewohner geringer war als auf dem Festland. Ein Arzt aus Rostock, Dr. Heinrich Voss, dokumentierte erstmals, dass viele Menschen auf der Insel körperliche Merkmale zeigten, die auf eine schnellere Alterung hindeuteten – beispielsweise vorzeitige Faltenbildung, graue Haare und Gelenkbeschwerden, die typischerweise erst in späteren Lebensjahren auftreten.

Diese frühen Studien umfassten vor allem Beobachtungen und Befragungen der Inselbewohner. Dr. Voss und sein Team erfassten Details zu Ernährung, körperlicher Aktivität und Lebensweise der Menschen. Sie stellten fest, dass die Bewohner von Hiddensee im Vergleich zu den Festlandsbewohnern ähnlich lebten und sich ihre körperliche Arbeit und Ernährung kaum unterschied. Diese Erkenntnis führte zu der Vermutung, dass das beschleunigte Altern auf der Insel durch andere Faktoren hervorgerufen wurde, die über den Lebensstil hinausgingen.

Der Einfluss von Radioaktivität und geologischen Bedingungen

In den 1960er Jahren gewann die Theorie an Gewicht, dass die geologischen Besonderheiten von Hiddensee eine Rolle im beschleunigten Altern spielen könnten. Einige Forscher spekulierten, dass die Insel möglicherweise eine erhöhte Radioaktivität aufwies, die durch natürliche Vorkommen von Uran oder anderen radioaktiven Elementen im Boden verursacht wurde. Ein Forscherteam unter der Leitung des Geologen Prof. Klaus Richter führte eine umfassende Untersuchung der Bodenproben auf Hiddensee durch, um radioaktive Strahlung nachzuweisen.

Obwohl die Analysen erhöhte Konzentrationen bestimmter Mineralien ergaben, die auf natürliche Weise eine schwache radioaktive Strahlung abgeben könnten, lagen diese Werte weit unter den gesundheitlich bedenklichen Grenzwerten. Das Forscherteam stellte fest, dass die Strahlungswerte auf Hiddensee kaum von denen des Festlands abwichen. Damit konnte die Theorie, dass radioaktive Strahlung für das beschleunigte Altern verantwortlich ist, weitgehend widerlegt werden.

Dennoch vermuten einige Geologen, dass es andere geologische Einflüsse gibt, die die Umgebung beeinflussen könnten. Hiddensee liegt auf einer tektonisch aktiven Platte, was möglicherweise das elektromagnetische Feld der Insel beeinflussen könnte. Diese Vermutung blieb jedoch weitgehend spekulativ, da die Auswirkungen solcher Felder auf den menschlichen Körper bis heute kaum erforscht sind.

Klimatische und atmosphärische Hypothesen

Ein weiterer Forschungsansatz konzentrierte sich auf das einzigartige Klima von Hiddensee. Die Insel ist den rauen Winden der Ostsee ausgesetzt, die besonders im Winter oft heftig wehen. Diese Winde transportieren eine hohe Menge an salzhaltiger Luft, die möglicherweise eine oxidierende Wirkung auf die Haut und andere Körpergewebe hat. Die Theorie, dass das salzhaltige Klima den Alterungsprozess beschleunigen könnte, wurde in den 1980er Jahren von einem Team aus Dermatologen untersucht, die eine Zunahme von oxidativem Stress auf der Haut der Inselbewohner feststellten. Oxidativer Stress gilt als ein zentraler Faktor im Alterungsprozess und entsteht durch freie Radikale, die die Zellen schädigen und deren Regenerationsfähigkeit vermindern. Es wurde beobachtet, dass das raue Klima von Hiddensee eine verstärkte Bildung solcher Radikale bewirken könnte. Diese Theorie konnte jedoch nur bedingt belegt werden, da andere Regionen mit ähnlichen klimatischen Bedingungen, wie etwa die Nordseeküste, keine vergleichbaren Auswirkungen auf die Lebenserwartung ihrer Bewohner aufweisen.
Einige Wissenschaftler vermuten jedoch, dass die einzigartige Kombination von feuchter Luft, starkem Wind und bestimmten atmosphärischen Bedingungen auf Hiddensee möglicherweise eine verstärkende Wirkung haben könnte, die das Altern der Inselbewohner beschleunigt. Diese

Hypothese bleibt jedoch schwer fassbar und konnte bislang nicht konkretisiert werden.

Psychosoziale Faktoren und die Theorie der „Erwartung des Alterns"

In den letzten Jahrzehnten hat sich der Fokus der Forschung zunehmend auf psychologische und soziale Faktoren verlagert. Eine Hypothese, die auf der sogenannten „Selbsterfüllenden Prophezeiung" basiert, besagt, dass das Bewusstsein um die verkürzte Lebenszeit das Altern der Bewohner unbewusst beschleunigt. Die Inselbewohner wachsen mit der Erzählung auf, dass das Leben auf Hiddensee kürzer ist, und diese Erwartung könnte sich tatsächlich in ihren Körpern manifestieren. Diese Theorie stützt sich auf den sogenannten Nocebo-Effekt, der beschreibt, wie negative Erwartungen körperliche Auswirkungen auf die Gesundheit haben können.

Psychologische Untersuchungen auf der Insel zeigten, dass viele Bewohner eine gewisse Resignation gegenüber ihrem Schicksal entwickeln und oft mit einer Art „lebenszeitlicher Vorherbestimmung" leben. Sie nehmen das Phänomen der „schwindenden Zeit" als gegeben hin und richten ihr Leben danach aus. Diese innere Einstellung könnte möglicherweise biologische Prozesse beeinflussen, da die menschliche Psyche nachweislich Auswirkungen auf das Immunsystem und die Gesundheit hat. Doch auch diese Theorie bleibt spekulativ, da der

Einfluss psychologischer Erwartungen auf den Alterungsprozess nur schwer messbar ist.

Neuere Forschungsansätze: Genetische Untersuchungen und molekulare Biologie

Moderne wissenschaftliche Methoden, insbesondere in der Genetik und der Molekularbiologie, haben in den letzten Jahren neue Perspektiven eröffnet. Ein Forscherteam der Universität Greifswald begann in den 2000er Jahren, genetische Proben von Inselbewohnern und Festlandsbewohnern zu vergleichen, um genetische Anomalien zu identifizieren, die für das beschleunigte Altern verantwortlich sein könnten. Die Forscher fanden einige genetische Unterschiede in den Zellen der Inselbewohner, die auf eine verstärkte Anfälligkeit für Zellschäden hinweisen könnten. Diese genetischen Varianten wurden jedoch auch bei Festlandsbewohnern gefunden und konnten daher nicht eindeutig auf Hiddensee zurückgeführt werden.
Ein anderer Ansatz untersuchte die Telomere – die schützenden Endstücke der Chromosomen, die eine zentrale Rolle im Alterungsprozess spielen. Telomere verkürzen sich mit jedem Zellzyklus und sind damit ein Maß für das biologische Alter einer Zelle. Die Forscher stellten fest, dass die Telomere der Inselbewohner tatsächlich kürzer waren als die der Festlandsbewohner, was auf eine beschleunigte Zellalterung hindeuten könnte. Doch auch hier bleibt die Frage offen, ob dies eine Folge des

Lebens auf der Insel oder das Resultat anderer Faktoren ist.

Zukunftsaussichten und das Potenzial weiterer Forschung

Die wissenschaftliche Erforschung des Phänomens der „schwindenden Zeit" auf Hiddensee steckt nach wie vor in den Anfängen. Obwohl verschiedene Hypothesen aufgestellt wurden und zahlreiche Ansätze untersucht wurden, gibt es bis heute keine eindeutige Erklärung. Die Kombination aus geologischen, klimatischen, psychologischen und genetischen Faktoren stellt die Wissenschaftler vor ein Rätsel, das sich durch die herkömmlichen Methoden nur schwer lösen lässt.
In den kommenden Jahren könnte die Erforschung der Telomere und die Anwendung neuer molekularbiologischer Verfahren möglicherweise weitere Erkenntnisse bringen. Genetische und epigenetische Untersuchungen könnten aufzeigen, ob das Leben auf Hiddensee tatsächlich spezifische Effekte auf die DNA und die Zellalterung hat. Gleichzeitig arbeiten einige Forscher an der Entwicklung von experimentellen Modellen, um die Einflüsse von Klima und Umwelt auf den Alterungsprozess besser zu verstehen.

Die mysteriöse Faszination bleibt bestehen

Das beschleunigte Altern auf Hiddensee bleibt ein Geheimnis, das Forscher und Besucher gleichermaßen fasziniert. Trotz der

wissenschaftlichen Unsicherheiten und der vielen unbeantworteten Fragen übt die Insel eine unvergleichliche Anziehungskraft aus. Die Vorstellung, dass die Zeit an einem Ort schneller vergehen kann, lässt Raum für Spekulationen und Fantasien, die den Mythos von Hiddensee weiter nähren. Für die Bewohner ist es eine Realität, mit der sie seit Jahrhunderten leben, und für die Wissenschaft bleibt es eine offene Frage, ob es jemals eine endgültige Antwort geben wird.
Im nächsten Kapitel tauchen wir noch tiefer in die Geschichten der Bewohner ein und erfahren, wie diese über Generationen hinweg ihren eigenen Weg gefunden haben, mit der schwindenden Zeit zu leben – sei es durch Rituale, Lebensweisen oder die Kraft des Glaubens.

Kapitel 8: Einblicke und Geschichten der Inselbewohner

Das Leben auf Hiddensee ist von einem tiefen Bewusstsein für Vergänglichkeit geprägt, und die Inselbewohner haben über die Jahrhunderte hinweg Wege gefunden, mit der „schwindenden Zeit" zu leben und ihr entgegenzutreten. Die Erzählungen und Lebensweisen der Menschen spiegeln die einzigartige Kultur der Insel wider, die im Spannungsfeld zwischen Hoffnung, Akzeptanz und Widerstand lebt. Ihre Geschichten geben einen wertvollen Einblick in die Überzeugungen, Rituale und alltäglichen Herausforderungen, die das Leben auf Hiddensee formen.

In diesem Kapitel erkunden wir die Denk- und Lebensweisen der Inselbewohner und lernen, wie sie es geschafft haben, die Besonderheiten ihrer Heimat in den Alltag zu integrieren. Wir hören von alten Bräuchen, Anekdoten und Strategien, die entwickelt wurden, um die schwindende Lebenszeit auf der Insel zu akzeptieren und gleichzeitig ein erfülltes Leben zu führen.

Rituale und Traditionen zur Bewahrung der Lebenszeit

Die Inselbewohner pflegen eine Vielzahl von Ritualen, die ihnen Kraft und Trost spenden und dabei helfen sollen, die Auswirkungen der „schwindenden Zeit" zu mildern. Viele dieser Bräuche werden seit Generationen weitergegeben und haben ihren Ursprung in den Überlieferungen der ersten Siedler. Ein besonders bekanntes Ritual ist das „Segensritual der Sonnenwende", das jährlich am 21. Juni, zur Sommersonnenwende, stattfindet. Die Bewohner versammeln sich am Strand, zünden ein Feuer an und sprechen gemeinsam Gebete, die um Schutz und Gesundheit für das kommende Jahr bitten. Dabei wird ein alter Spruch rezitiert, der besagt: „Wie die Sonne kehrt, möge auch unsere Zeit kehren und uns verschont lassen."
Diese Feierlichkeiten dienen nicht nur als gemeinschaftliches Ritual, sondern auch als Ausdruck der Hoffnung und der Stärke der Bewohner, die versuchen, das Unvermeidliche zu beeinflussen. Die Sonnenwende symbolisiert für sie die Möglichkeit eines Neuanfangs und gibt

den Menschen das Gefühl, dass sie der Zeit trotzen und das Leben auf der Insel bewusst gestalten können.

Die Weisheit der „langen Alten"

Obwohl das beschleunigte Altern auf Hiddensee viele Bewohner betrifft, gibt es jene, die das Phänomen zu überlisten scheinen: die „langen Alten". Diese Menschen, meist Fischer oder Kräutersammler, erreichen ein höheres Alter als der Durchschnitt und gelten als eine Art mystische Persönlichkeiten auf der Insel. Viele von ihnen führen ein einfaches, zurückgezogenes Leben und gelten als Bewahrer von geheimen Weisheiten und uralten Wissen. Sie sind eine wichtige Quelle für Geschichten und Erzählungen, die in den Familien und Gemeinschaften weitergegeben werden. Die „langen Alten" sprechen oft davon, dass sie in Einklang mit der Natur und den Kräften der Insel leben. Einige von ihnen führen ihren gesundheitlichen Zustand auf die tägliche Beschäftigung mit Heilpflanzen und das Wissen um natürliche Heilmethoden zurück, das von Generation zu Generation weitergegeben wurde. Ein älterer Bewohner namens Johan erzählt, dass er seit seiner Jugend jeden Morgen ein Ritual des „Füßewaschens" im Meer durchführt und glaubt, dass das kalte Salzwasser seine Gelenke stärkt und ihn widerstandsfähiger gegen die Effekte der Insel macht. Auch das bewusste Fasten und der Verzicht auf schwere Speisen gelten als Geheimnis ihrer Gesundheit.

Die Bedeutung der Gemeinschaft und der gegenseitigen Unterstützung

Das Leben auf Hiddensee wäre ohne den starken Zusammenhalt der Gemeinschaft kaum vorstellbar. Die Inselbewohner sind aufeinander angewiesen und unterstützen sich in allen Lebenslagen, da sie die Herausforderungen des Inseldaseins nur gemeinsam meistern können. Die Gemeinschaft ist das Herz von Hiddensee und gibt den Menschen Halt und Sicherheit, besonders angesichts der schwindenden Zeit. So ist es üblich, dass Nachbarn füreinander sorgen, besonders für ältere und schwächere Mitglieder der Gemeinschaft.

Beerdigungen auf Hiddensee sind nicht nur Trauerzeremonien, sondern dienen auch der Besinnung und dem Gedenken an das Leben, das jeder einzelne geführt hat. Der gesamte Ort nimmt an den Feierlichkeiten teil, um den Verstorbenen zu ehren und das eigene Leben zu reflektieren. Diese Veranstaltungen geben den Menschen die Möglichkeit, ihre Vergänglichkeit zu akzeptieren und gleichzeitig die Erinnerungen an die Verstorbenen lebendig zu halten. Die Trauerfeiern enden oft mit einem festlichen Essen, bei dem die Geschichten und Erinnerungen an den Verstorbenen ausgetauscht werden. Diese Rituale geben den Hinterbliebenen Trost und stärken das Gefühl der Zusammengehörigkeit, das die Gemeinschaft vereint.

Die Rolle des Glaubens und spiritueller Überzeugungen

Der Glaube spielt eine besondere Rolle im Leben der Inselbewohner. Viele Menschen auf Hiddensee betrachten ihr Schicksal als Teil eines höheren Plans und suchen Trost in der Vorstellung, dass ihr Leben auf der Insel eine besondere Bedeutung hat. Diese spirituelle Überzeugung stärkt sie und hilft ihnen, die Herausforderungen des beschleunigten Alterns zu akzeptieren. Die Kirche auf der Insel ist ein zentraler Treffpunkt und Ort des Rückzugs, in dem die Menschen in Gemeinschaft beten und Kraft schöpfen können. Neben dem christlichen Glauben existieren auch zahlreiche mystische Überzeugungen auf Hiddensee, die tief in den Traditionen der Insel verwurzelt sind. Einige Bewohner glauben, dass die Insel selbst eine Art lebendiges Wesen ist, das das Leben ihrer Bewohner formt und beeinflusst. Dieser Glaube führt dazu, dass sie die Natur mit besonderem Respekt behandeln und sich als Teil des großen Ganzen sehen. Viele Inselbewohner pflegen die Vorstellung, dass sie im Einklang mit der Insel leben müssen, um eine Art „Schutz" vor den Effekten der Zeit zu erhalten.

Geschichten der Resignation und des Widerstands

Trotz aller Bemühungen, das beschleunigte Altern zu akzeptieren, gibt es auch Menschen auf Hiddensee, die sich mit der „schwindenden Zeit" nur schwer abfinden können. Besonders jüngere

Bewohner empfinden die Aussicht, früh zu altern, als bedrückend und sind oft hin- und hergerissen zwischen ihrer Liebe zur Insel und dem Wunsch, ihr Leben voll auszukosten. Viele junge Erwachsene versuchen, Hiddensee für einige Jahre zu verlassen, um ein Leben jenseits der beschleunigten Zeit zu führen und eigene Erfahrungen zu sammeln.

Eine junge Frau namens Maria erzählt, dass sie als Teenager das Gefühl hatte, dass die Insel sie „erdrückt". Sie entschied sich, für ihre Ausbildung nach Stralsund zu ziehen, doch die Bindung zur Insel blieb stark. Nach einigen Jahren auf dem Festland kehrte sie zurück, inzwischen in der Akzeptanz, dass Hiddensee trotz des beschleunigten Alterns ihre wahre Heimat ist. Heute versucht sie, das Beste aus ihrem Leben auf der Insel zu machen und lebt mit dem Wissen, dass ihre Zeit vielleicht kürzer sein wird – doch dafür intensiv und erfüllt.

Die Zukunft der Inselgemeinschaft: Ein Generationenwechsel im Wandel der Zeit

Die nächste Generation der Inselbewohner steht vor der Herausforderung, das Erbe ihrer Eltern und Großeltern zu bewahren und gleichzeitig einen eigenen Umgang mit der schwindenden Zeit zu finden. Die jungen Menschen auf Hiddensee sind aufgeschlossen für neue Ideen und bemühen sich, die Traditionen und Bräuche der Insel zu modernisieren, ohne deren ursprüngliche Bedeutung zu verlieren. Einige von ihnen engagieren sich in der Erforschung der

Geschichte und des Phänomens des beschleunigten Alterns, um vielleicht irgendwann Antworten zu finden, die ihren Vorfahren verborgen blieben.

Die jungen Inselbewohner wissen, dass sie sich einer einzigartigen Herausforderung gegenübersehen. Sie sind bestrebt, ein Leben in Harmonie mit der Natur und den Traditionen zu führen, suchen jedoch gleichzeitig nach Wegen, die schwindende Zeit zu überwinden. Einige junge Menschen setzen auf moderne medizinische Methoden und gesunde Lebensweisen, während andere eher auf die alten Weisheiten und Rituale ihrer Vorfahren vertrauen. Der Generationenwechsel auf Hiddensee spiegelt den Wunsch wider, die Identität der Insel zu bewahren und zugleich offen für Veränderung zu bleiben.

Ein Ort zwischen Vergangenheit und Zukunft

Die Geschichten der Inselbewohner zeigen, dass Hiddensee ein Ort ist, der zwischen den Welten existiert – zwischen Vergangenheit und Zukunft, Tradition und Wandel, Leben und Vergänglichkeit. Die Menschen, die hier leben, tragen die Last der schwindenden Zeit mit einer Würde und Resilienz, die sie von den Bewohnern des Festlands unterscheidet. Für sie ist Hiddensee nicht nur ein geografischer Ort, sondern ein Symbol für die Stärke des menschlichen Geistes und die Fähigkeit, das Leben trotz aller Widrigkeiten in vollen Zügen zu leben.

Diese Geschichten und Überzeugungen der Inselbewohner lassen uns erahnen, dass die Geheimnisse der Insel sich vielleicht nie ganz entschlüsseln lassen. Doch für die Menschen auf Hiddensee ist das Leben im Einklang mit der „schwindenden Zeit" eine Art Kunst – ein Tanz auf dem schmalen Grat zwischen Akzeptanz und Hoffnung, der ihnen einen unvergleichlichen Lebenssinn gibt. Sie nehmen die Herausforderungen des beschleunigten Alterns an und finden in ihrer Gemeinschaft, ihren Ritualen und ihrer Liebe zur Insel Trost und Halt. Im nächsten Kapitel betrachten wir Hiddensee aus einem anderen Blickwinkel und werfen einen Blick auf die kulturelle Bedeutung und das Erbe, das diese Insel über Jahrhunderte hinweg bewahrt hat. Die einzigartige Atmosphäre der Insel hat Künstler, Schriftsteller und Reisende inspiriert und ist heute mehr als je zuvor ein Symbol für die Geheimnisse des Lebens und der Zeit.

Kapitel 9: Hiddensee in der Zukunft – Gefahr oder Faszination?

Hiddensee ist eine Insel voller Widersprüche: Ein Ort von schlichter Schönheit und zugleich von einer unheimlichen Kraft, die das Leben seiner Bewohner und Besucher gleichermaßen formt. Die Insel trägt eine mystische Anziehungskraft in sich, die trotz der Risiken des beschleunigten Alterns Jahr für Jahr Reisende anlockt und die Inselbewohner selbst an ihre Heimat bindet. Doch wie sieht die Zukunft für Hiddensee aus? Wird die „schwindende Zeit" die Menschen weiterhin herausfordern, oder könnte das Rätsel irgendwann gelöst werden? In diesem Kapitel werfen wir einen Blick auf die Perspektiven und Überlegungen, die die Zukunft der Insel betreffen – und auf die Frage, ob Hiddensee langfristig ein sicherer oder gefährlicher Ort bleibt.

Die Frage der Wissenschaft: Potenziale und Herausforderungen

Die wissenschaftliche Erforschung der „schwindenden Zeit" auf Hiddensee hat bereits einige Antworten geliefert, doch viele Rätsel bleiben ungelöst. Forscherteams stehen vor der Herausforderung, die komplexen Einflüsse der Insel – von der Geologie bis zur Psyche der Bewohner – zu verstehen und zu verknüpfen. Doch die Hoffnung auf neue Entdeckungen wächst, und moderne Technologien könnten in Zukunft tiefere Einblicke ermöglichen.

Zukunftstechnologien wie Genomsequenzierung und molekulare Analyseverfahren könnten dazu beitragen, die genetischen und epigenetischen Besonderheiten der Inselbewohner zu entschlüsseln. Es ist denkbar, dass weitere Studien neue Informationen über die Rolle von Umweltfaktoren und biologischen Mechanismen liefern könnten, die das beschleunigte Altern auf Hiddensee verursachen. Gleichzeitig könnten modernisierte Techniken der Geologie und der Atmosphärenforschung helfen, spezifische Bedingungen auf der Insel zu erfassen und mögliche Auswirkungen auf den menschlichen Körper detaillierter zu untersuchen.

Doch trotz der vielversprechenden Ansätze bleibt die Frage offen, ob Hiddensee ein Geheimnis ist, das überhaupt gelöst werden kann. Für die Inselbewohner selbst ist die wissenschaftliche Forschung von ambivalenter Bedeutung: Einige sehen darin die Chance, das Phänomen besser zu verstehen und vielleicht Maßnahmen zu entwickeln, die den Einfluss des beschleunigten Alterns mindern. Andere hingegen betrachten die wissenschaftliche Neugier skeptisch und sehen die Insel als eine Art „geheiligtes Geheimnis", das die Natur vielleicht nicht preisgeben möchte.

Tourismus und die Balance zwischen Attraktion und Verantwortung

Der Tourismus auf Hiddensee bringt jedes Jahr eine große Zahl von Besuchern auf die Insel, die die unberührte Landschaft und die ruhige

Atmosphäre schätzen. Doch je mehr Menschen das Phänomen des beschleunigten Alterns kennen und über die besonderen Eigenschaften der Insel erfahren, desto größer wird die Faszination für diesen mysteriösen Ort. Touristen, die sich von der einzigartigen Aura der Insel angezogen fühlen, kommen zunehmend in der Hoffnung, das „Rätsel der Zeit" selbst zu erleben. Doch die Risiken, die Hiddensee für ältere und gesundheitlich vorbelastete Menschen birgt, werfen ethische Fragen auf: Wie kann der Tourismus so gestaltet werden, dass die Besucher sicher sind und die Inselbewohner nicht überlastet werden? Einige Einheimische und Tourismusunternehmen schlagen vor, spezielle Informationsangebote für Besucher bereitzustellen, um sie über die Besonderheiten der Insel aufzuklären und ihre Aufenthalte sicherer zu gestalten. Informationsbroschüren und geführte Touren, die die mystischen und wissenschaftlichen Aspekte der Insel beleuchten, könnten dazu beitragen, die Erwartungen der Besucher realistisch zu halten und den Respekt vor den Eigenarten der Insel zu fördern. Einige Inselbewohner und Verantwortliche befürchten jedoch, dass ein zu starker Fokus auf das mystische Phänomen die Balance auf der Insel stören könnte. Sie plädieren dafür, Hiddensee als einen Rückzugsort zu bewahren, an dem die Natur und Ruhe im Vordergrund stehen. Die Herausforderung besteht darin, die Neugier der Besucher zu bedienen und gleichzeitig das fragile Gleichgewicht der Insel zu schützen – eine Aufgabe, die nicht einfach zu lösen ist, insbesondere in einer Zeit, in der das Interesse an mystischen Reisezielen wächst.

Ein Ort der Selbstfindung und inneren Einkehr

Hiddensee hat sich für viele Menschen zu einem Ort entwickelt, an dem sie der eigenen Vergänglichkeit und den Geheimnissen des Lebens auf eine neue Weise begegnen. Die Insel wirkt wie eine Art natürlicher „Reflexionsraum", in dem das Phänomen der „schwindenden Zeit" den Blick auf die eigene Lebenszeit schärft. Einige Reisende berichten, dass die Erfahrung auf Hiddensee sie dazu gebracht habe, ihre Prioritäten zu überdenken und das Leben in vollen Zügen zu genießen, auch wenn die Zeit begrenzt ist.

Dieses besondere Gefühl, das Hiddensee vermittelt, hat dazu geführt, dass die Insel ein Ziel für spirituelle und selbstsuchende Menschen wurde, die die mystische Seite des Lebens ergründen möchten. Einige bieten mittlerweile Workshops und Seminare an, die sich auf Themen wie Vergänglichkeit, innere Stärke und die Bedeutung der Zeit fokussieren. In diesen Veranstaltungen wird die einzigartige Atmosphäre der Insel genutzt, um den Teilnehmern ein intensives Erlebnis zu ermöglichen, das ihnen hilft, eine neue Perspektive auf ihr Leben und ihre Vergänglichkeit zu gewinnen.

Der Einfluss der jungen Generation: Eine neue Haltung zur „schwindenden Zeit"

Die jüngere Generation auf Hiddensee ist mit den Geschichten der „schwindenden Zeit" aufgewachsen und hat einen eigenen Umgang mit dem Phänomen entwickelt. Während frühere Generationen das beschleunigte Altern oft als Schicksal oder gar als Fluch betrachteten, ist die junge Generation zunehmend daran interessiert, die Besonderheiten der Insel zu verstehen und vielleicht neue Wege zu finden, um ein erfülltes Leben auf Hiddensee zu führen.
Viele junge Menschen setzen sich aktiv für den Schutz der natürlichen Ressourcen der Insel ein und engagieren sich in Projekten, die die Umwelt und das kulturelle Erbe bewahren sollen. Sie betrachten die „schwindende Zeit" als Teil des einzigartigen Charakters von Hiddensee und versuchen, in Einklang mit der Natur und den Traditionen zu leben, ohne die modernen Möglichkeiten zu vernachlässigen. Ihre Offenheit für wissenschaftliche Erkenntnisse und ihr Wunsch, die Insel als Ort der inneren Stärke und des Zusammenhalts zu sehen, bringt eine positive und erfrischende Perspektive mit sich.
Es gibt Bestrebungen, Programme für die Jugend der Insel zu entwickeln, die den Austausch mit Festlandgemeinschaften fördern und gleichzeitig die Einzigartigkeit des Insellebens bewahren. So könnte Hiddensee zu einem Modell für eine zeitgemäße Inselkultur werden, in der Tradition und Innovation Hand in Hand gehen. Für die jüngeren Inselbewohner bedeutet die

„schwindende Zeit" kein Schicksal, sondern eine Herausforderung, die es zu verstehen und anzunehmen gilt.

Ein Ort voller Geheimnisse – und neuer Perspektiven

Die Zukunft von Hiddensee ist ungewiss, doch die Insel bleibt ein Ort voller Rätsel und Möglichkeiten. Das beschleunigte Altern mag für die Bewohner und Besucher weiterhin eine Herausforderung darstellen, doch gleichzeitig ist es eine Quelle der Inspiration und der Selbstfindung. Die Insel ist ein lebendiger Beweis dafür, dass die Natur Kräfte birgt, die wir vielleicht nie ganz begreifen werden – und dass es Orte gibt, an denen Zeit und Leben auf mysteriöse Weise miteinander verknüpft sind.
Ob Hiddensee eines Tages als vollständig erforschtes und verstandenes Phänomen dastehen wird oder ob das Rätsel der „schwindenden Zeit" ungelöst bleibt, bleibt abzuwarten. Doch solange die Insel ihre Anziehungskraft und Magie bewahrt, wird sie weiterhin Menschen aus aller Welt in ihren Bann ziehen. Hiddensee wird für einige ein Ort der inneren Einkehr bleiben, für andere ein Geheimnis, das es zu lüften gilt, und für die Inselbewohner selbst immer Heimat und Herausforderung zugleich.

Epilog: Die ewige Frage

Vielleicht liegt der wahre Zauber von Hiddensee darin, dass die Frage nach der „schwindenden Zeit" niemals endgültig beantwortet werden kann. Die Insel, die dem Lauf der Zeit scheinbar widerspricht, bleibt ein Symbol für die Endlichkeit und das Mysterium des Lebens. Die Bewohner und Besucher, die sich Jahr für Jahr den Herausforderungen und Schönheiten dieser Insel stellen, tragen die Erinnerung an Hiddensee in sich – als eine Lektion über die Vergänglichkeit, die Schönheit und die Rätsel, die das Leben für uns bereithält.

So bleibt Hiddensee ein Ort, an dem die Grenzen zwischen Wissenschaft und Mystik, zwischen Mensch und Natur verschwimmen. Es ist eine Insel, die ihre Geheimnisse bewahrt, und eine Insel, die uns an die Vergänglichkeit unseres eigenen Daseins erinnert. Die „schwindende Zeit" mag weiter wirken und die Menschen beeinflussen, doch die Essenz von Hiddensee bleibt zeitlos – eine unvergängliche Erinnerung an das Geheimnis der Zeit und die ewige Frage, die uns alle bewegt: Was bedeutet es wirklich, zu leben?

Epilog: Hiddensee und das Geheimnis der Zeit

Hiddensee bleibt ein Ort des ungebrochenen Geheimnisses und der Kraft der Vergänglichkeit, eine Insel, die ihre Bewohner und Besucher immer wieder an die Grenzen des Verstehens führt. Die schlichte, doch unbezwingbare Schönheit der Landschaft, die sanft gewellten Dünen und die schroffen Felsen, die sich den Wellen der Ostsee entgegenstellen, sind nicht nur Kulisse für das Leben auf der Insel – sie verkörpern die Macht der Zeit und erinnern jeden, der hier verweilt, daran, dass die Zeit keine unveränderliche Größe ist. Auf Hiddensee scheint sie zu schwinden, sich zu beschleunigen, die Menschen in ein rascheres Tempo des Daseins zu führen.

Für die Inselbewohner ist die „schwindende Zeit" kein Mythos, sondern eine alltägliche Realität, eine Kraft, die ihre Leben prägt und formt. Sie leben mit dieser Kraft, gehen ihren täglichen Aufgaben nach, bewahren ihre Bräuche und Traditionen und richten ihre Blicke in die Zukunft, wohl wissend, dass diese Zukunft für sie kürzer bemessen sein mag. Die „langen Alten", die mystischen Figuren der Insel, verkörpern die Hoffnung auf ein erfülltes Leben trotz der schneller vergehenden Jahre und erinnern daran, dass Zeit nicht immer linear verläuft, sondern sich in Geschichten, Momenten und Erinnerungen verdichtet. Ihre Erzählungen und Weisheiten geben den jüngeren Generationen Kraft und Mut, das Leben auf der Insel zu führen, in einem Ort, an dem die Vergänglichkeit jeden Tag aufs Neue spürbar ist.

Die stille Macht von Hiddensee

Für die Besucher bleibt Hiddensee ein Ort der
Faszination, ein Ort, an dem die Zeit eine andere
Bedeutung zu haben scheint. Die Insel zieht jene
an, die den schnellen Takt des modernen Lebens
für einen Moment hinter sich lassen und sich in
der Langsamkeit der Natur verlieren möchten –
nur um dann festzustellen, dass hier etwas
anderes, etwas Unfassbares geschieht. Die
„Inselmüdigkeit", das Gefühl der Ruhe und
Erschöpfung, das die Besucher nach wenigen
Tagen überkommt, ist vielleicht ein Geschenk der
Insel, eine Einladung, in sich selbst zu blicken und
die eigene Vergänglichkeit zu spüren. Viele
kehren verändert zurück, als hätten sie eine
Lektion über das Leben und die Zeit gelernt, die
sie anderswo nicht erfahren hätten.

Das Erbe der „schwindenden Zeit"

Die Zukunft wird zeigen, welche Geheimnisse die
Wissenschaft noch aufdecken kann und ob es
eines Tages möglich sein wird, die beschleunigte
Zeit auf Hiddensee zu begreifen oder gar zu
beeinflussen. Doch vielleicht ist die wahre
Bedeutung der „schwindenden Zeit" eine tiefere
Lektion über das Leben selbst: eine Erinnerung
daran, dass jedes Leben einzigartig und begrenzt
ist, dass die Zeit nicht nur in Jahren, sondern in
Momenten, Begegnungen und Erlebnissen
gemessen wird.
Das Erbe der „schwindenden Zeit" ist für die
Menschen auf Hiddensee ein Geschenk und eine

Herausforderung zugleich. Es ist die Einladung, das Leben trotz aller Unsicherheiten bewusst zu leben, die Momente zu schätzen und die Gemeinschaft, die Bräuche und die Natur zu achten. Hiddensee ist ein Ort, an dem die Zeit wie ein unsichtbarer Strom fließt, ein Fluss, den die Inselbewohner und Besucher nicht aufhalten können. Doch sie können in diesen Strom eintauchen, ihn spüren und den Wert jedes Augenblicks erkennen.

Eine Einladung zum Innehalten

Am Ende bleibt Hiddensee für all jene, die die Insel betreten, ein Ort des Innehaltens und der inneren Einkehr. Es ist ein Ort, an dem das große Geheimnis des Lebens, das Geheimnis der Zeit, auf leise, doch eindringliche Weise gegenwärtig wird. Die „schwindende Zeit" lehrt uns, dass das Leben nicht immer verstanden, sondern manchmal einfach nur gelebt werden will – voller Bewusstsein, voller Hingabe und voller Staunen über die Schönheit und die Vergänglichkeit unseres Daseins.

Und so werden die Menschen weiterhin nach Hiddensee kommen, inspiriert und berührt von der unsichtbaren Kraft, die diese Insel durchströmt. Sie werden die Dünen und die Wälder durchstreifen, in die kühle Ostsee eintauchen und die raue Schönheit der Landschaft genießen. Vielleicht werden sie sich an die Geschichten der Inselbewohner erinnern, an die langen Alten, an die Erzählungen von der schwindenden Zeit und daran, dass die Zeit, so

flüchtig und geheimnisvoll sie auch ist, auf
Hiddensee einen besonderen Platz einnimmt.
Für die Menschen auf der Insel und für all jene,
die ihre Geheimnisse ergründen möchten, bleibt
Hiddensee eine Einladung zum Leben und zur
Akzeptanz des Unausweichlichen. Es ist ein Ort,
der die Zeit ehrt und uns gleichzeitig
herausfordert, unser Leben bewusst zu führen, in
der Gewissheit, dass jedes Ende einen Anfang
birgt und dass die Schönheit der Zeit gerade in
ihrer Vergänglichkeit liegt.